丁寧な図解と具体例でわかりやすい!

即効! 電子帳簿保存法対応マニュアル

監査法人アヴァンティア
公認会計士
システム監査技術者 大山 誠

秀和システム

※本書は2023年6月現在の情報を元に執筆しています。制度の内容などについては、その後変更になる可能性があります。予めご了承ください。

はじめに

電子帳簿保存法(電帳法)は、この数年目にすることの多くなった法律の一つです。電子帳簿保存法は平成10年に施行されましたが、対応する事業者は少なく、この数年にいたって、ようやく対応する企業が増えてきました。この本は、経理担当者やシステム担当者など、電子帳簿保存法にこれから実務で対応を考えられている方に向けて書かれています。

電子帳簿保存法に対応するには、まず保存対象となる帳簿書類を把握する事です。

電子帳簿保存法では、元になるデータをどのように作成しているのか、どのように受渡しているのかによって、電子データによる保存が認められる条件が違います。「元になるデータをどのように作成しているのか、どのように受渡しているのか」による分類である「電子帳簿保存法上の区分」を理解し、区分ごとに異なる「電子データ保存の認められる条件」を知ることが、電子帳簿保存法に対応する近道になります。

本書の特徴として、各章は電子帳簿保存法について初心者である田口さんの疑問で始まり、それに対する小田切さんの回答から展開していきます。切り口は実務に即した疑問から入り、どう対応するのかを説明する構成になっています。

また、本書では、電子帳簿保存法では必ず触れなければならない、なじみの少ないIT用語について、コラムを設け、わかりやすく説明しています。

本書が現場の皆様の力となれば、筆者としてこれに勝る喜びはありません。

2023年6月

公認会計士
システム監査技術者　大山　誠

即効！電子帳簿保存法対応マニュアル

目次 Contents

第2章 電子取引データの保存方法について知ろう

第3章
帳簿書類の電子データ化について知ろう

第4章 スキャナ保存できる書類を知ろう

第5章 適格請求書等保存方式との関連

第6章 電子データ化、ペーパーレス化の実践ポイント

Point

登場人物紹介

田口　綾音（たぐち　あやね）

27歳の女性で新日本商事の経理課員。持ち前の勤勉さに、課長からの信頼も厚い。簿記2級の資格を持っている。インボイス制度と合わせて、電子帳簿保存法への対応を任された。

小田切　豊（おだぎり　ゆたか）

40歳の男性で小田切公認会計士事務所の公認会計士。監査法人勤務後、独立して事務所を開き、現在は税務中心の業務を行っている。新日本商事は顧問になって、8年目。田口のことは、入社の時から知っている。

第1章 電子帳簿保存法ってどんな法律？

電子帳簿保存法は、国税関係の帳簿書類の全部、または一部を電子データで保存することを認める法律です。

電子帳簿保存法に対応することで、事業者は、書類に関する手間やコストを削減し、業務を効率化することができます。

この章では、電子帳簿保存法に対応するメリット、違反した場合の不利益、電子帳簿保存法に対応するうえで、理解しなければならない「電子帳簿保存法上の区分」について、説明します。

第2章から第4章は「電子帳簿保存法上の区分」に対応して説明を行いますので、どのような基準で区分しているかについて、留意してください。

1-1

電子帳簿保存法が適用される事業者は？

- 電子帳簿保存法は、以下の事業者に適用されます。
- ❶請求書を電子メールで送付する等の電子取引を行っている事業者
- ❷国税に関係する帳簿、書類を電子データで保存するすべての事業者

課長から、電子帳簿保存法への対応を考えてくれといわれました。でも、電子帳簿保存法が適用されるのはIT関連の事業者だけですよね。

おいおい、それは大きな誤解だね。適用されるのはIT関連の事業者だけじゃないよ。法人、個人事業者は原則として、ほとんどすべてに適用されると考えた方がいいよ。

電子帳簿保存法の対象は？

電子帳簿保存法の対象者は、(1)請求書を電子メールで送付する等の電子取引を行っている事業者、(2)国税に関係する帳簿、書類を電子データで保存するすべての事業者です。

これだけ見ると、対象となる事業者は少ないように思えます。ところが、(1)の「電子取引」には、請求書だけではなく、見積書、契約書、領収書の送付、受領が含まれます。

つまり、営業活動として、見積書、契約書、請求書、領収書を電子メール等で送付または受領していれば、一定の条件を満たしてその電子データを保存する義務を負う対象事業者になります。これらの書類を紙で受け渡ししている事業者は年々少なくなっています。結果として、ほとんどの法人、個人事業者が原則として、電子帳簿保存法の適用を受けることになります。適用対象の事業者は、電子取引に関する取引情報データの保存義務化に対応する必要があります。

図1.1 電子取引のイメージ

出典：電子帳簿保存法が改正されました（国税庁）から作成

また、電子帳簿保存法は、国税に関係する帳簿、書類を電子データで保存するすべての事業者が適用になります。具体的には、法人税を納税している法人や、所得税を納めている個人事業主で国税に関係する帳簿、書類を電子データでハードディスクなどの記録媒体に保存している事業者が該当します。

電子帳簿保存法は大きな会社だけではなく、個人事業者も対象になるんですね。

1-2

電子帳簿保存法は何のための法律か？

- 電子帳簿保存法は、以下のような法律です。
- ❶国税関係の帳簿書類の全部、または一部を電子データで保存することを認める法律
- ❷手間の削減、業務の効率化、書類を管理する人の負担の軽減、保存場所の確保と紙や印刷にかかるコストの削減などを目的として定められた法律

今さら恥ずかしい質問なんですが、電子帳簿保存法って、何のための法律なんですか。

一言でいうと、帳簿書類の電子データ化を認める法律なんだ。具体的には、国税関係の帳簿書類の全部、または一部を電子データで保存することを認める法律だね。

 電子帳簿保存法の目的は？

従来、会計帳簿や決算書などの書類は、紙で保存するのが原則でした。紙での保存は、1)書類のやり取り、2)書類のファイリング、3)書類の保管とたいへん手間がかかります。

電子帳簿保存法は、このような手間の削減、業務の効率化、書類を管理する人の負担の軽減、保存場所の確保と紙や印刷にかかるコストの削減などを目的として定められた法律です。

図1.2　電子データの保存による業務の効率化、負担の軽減

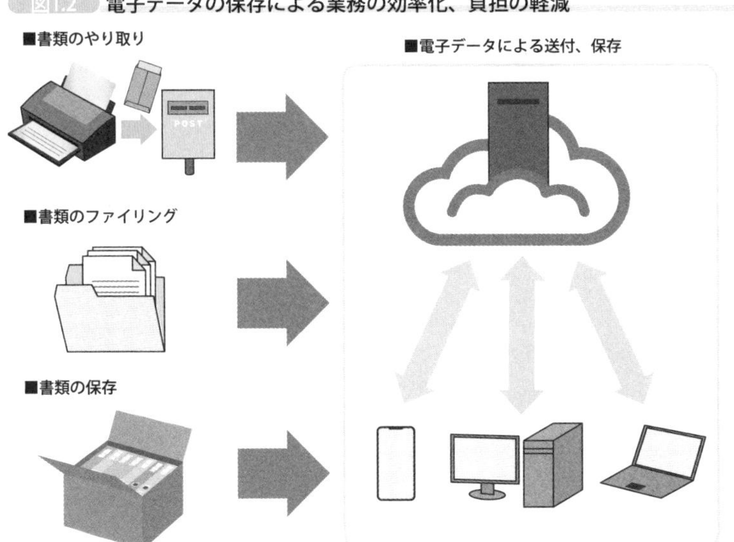

「国税関係の帳簿書類の全部、または一部」とは

国税関係帳簿書類のすべてではなく、一部の国税関係帳簿書類をPC等で作成している場合でも、一定の条件を満たせば、電子データで、国税関係帳簿、国税関係書類を保存することができます。

また、国税関係帳簿書類の電子データでの保存について、税務署長の事前承認は不要となりましたので、電子データでの保存はいつからでも始めることができます。ただし、電子データでの保存を開始した日または電子データでの保存をやめた日は明確にしておく必要があります。

POINT

電子データとは

電子データは、ハードディスク、コンパクトディスク、DVD、磁気テープ等の記録媒体上に、情報として使用し得るものとして、情報が記録・保存された状態にあるもののことです。

電子帳簿保存法では、電磁記録という言葉を使っていますが、本書では電子データで統一します。

図1.3 電子データのイメージ

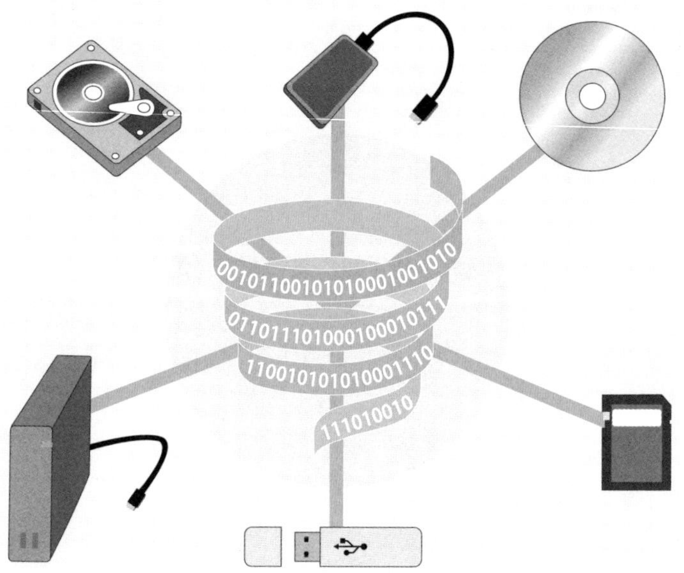

書類を電子データに置き換えれば、業務が効率化して、書類保管等の負担の減ることはわかりました。電子帳簿保存法では、どんなことが決められているのですか。

まず、税法で、原則紙で保存することになっている帳簿書類は、一定の条件を満たせば電子データで保存できるんだ。それから、これが大事なんだが、電子メールでのやり取りなど、電子データで受渡した取引情報の保存義務を定めているね。

電子帳簿保存法の内容は？

電子帳簿保存法の内容は大きく分けて2つです。第一に国税関係の帳簿書類を、一定の条件を満たせば電子データで保存することを認めること、第二に電子データで受渡した取引情報を電子データで保存することです。

電子データで保存すれば、紙の保存が不要となるというだけであれば、会社はそれほど早急に対応する必要はありません。しかし、書類を紙ではなく電子データで保存するのは、事業効率を考えると、必然的な流れです。これを機に、社内で書類等の電子データ保存を進めることは、競合他社との競争も考えれば、不可欠であると考えられます。

国税関係の帳簿書類を、一定の条件を満たせば電子データで保存することを認めるものとして、具体的には帳簿の電子データ保存、自己作成書類の電子データ保存、スキャナデータ保存が定められています。

図1.4　電子帳簿保存法の内容

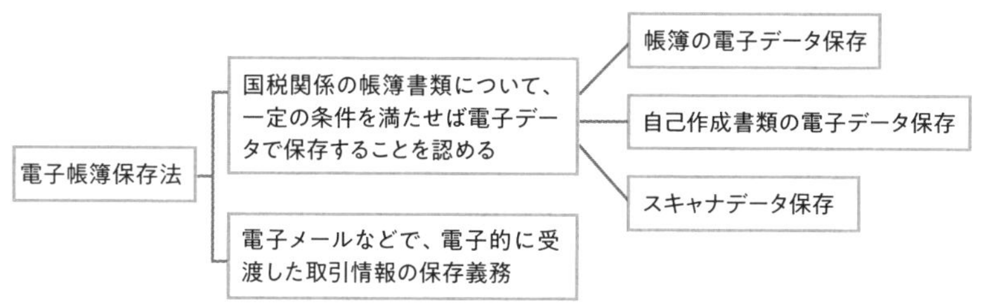

重要なのは、電子データで受渡した取引情報の保存義務です（猶予措置については後述します）。

電子データで受渡した取引情報の保存義務とは、契約書、注文書、送り状、領収書など取引に関する書類を電子データでやり取りしている場合、受け渡した取引情報を電子データで保存しなければならないとするものです。

電子取引の取引情報に係る電子データの保存について、現状では紙に印刷して保存する方法が認められています。令和6（2024）年1月1日以降に行う電子取引については、紙での保存は認められず、電子データを保存しなければならなくなる予定でした。しかし、**令和5年度税制改正で電**

子データの保存義務は猶予措置により、紙に印刷して保存する方法もしばらくの間、認められることになりました。

この猶予措置がずっと続く保証はありません。そのため、猶予措置が終了する前に、会社として、電子帳簿保存法が求める要件を満たした電子データの保存ができるように対応するのが賢明と考えられます。

電子帳簿保存法は、国税関係の帳簿書類と電子データで受渡した取引情報を電子データで保存することを認める法律なんですね。

1-3 電子帳簿保存法はなぜわかりづらい？

- 電子帳簿保存法がわかりづらいのは、以下が原因です。
- 1．何度にもわたる法改正で保存を認められる条件が頻繁に変わっている
- 2．データの作成方法や受渡方法によって、保存を認められる条件が違う
- 3．なじみの少ないIT用語が使われる

電子帳簿保存法の本を買って、何度も目を通したのですが、どうにもちんぷんかんぷんです。どんな方針で学習すればわかるようになるんですか？

電子帳簿保存法は、何度も改正されていて、保存を認める条件がその都度変わっているから、現在どうなっているのか、混乱しちゃうよね。それから、データの作成方法や受渡方法によって、保存に認められる条件がそれぞれ違う事がわかりにくい一番の原因だろうな。

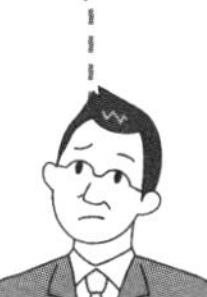

わかりづらい原因：1．何度にもわたる法改正

電子帳簿保存法は平成10(1998)年に施行されましたが、その後改正が3回あり、令和元(2019)年からは毎年のように改正されています。改正の都度、電子データでの保存に認められる条件は変わっていますので、電子帳簿保存法に基づいて、これから電子データでの保存を行おうとする事業者には、どの条件を充たせば法律違反にならないのかが、わかりづらくなっています。

わかりづらい原因：2．データの作成方法や受渡方法が異なると認められる保存の条件が違う

電帳法とひとくくりにしていますが、元になるデータをどのように作成しているのか、どのように受渡しているのかによって、電子データによ

る保存が認められる条件が違います。

この「元になるデータをどのように作成しているのか、どのように受渡しているのか」による分類を電子帳簿保存法では、「電子帳簿保存法上の区分」としています。

「電子帳簿保存法上の区分」は①電子帳簿等保存②スキャナ保存③電子取引の3つに分けられます。

電子帳簿保存法についての説明は、「電子帳簿保存法上の区分」でどの区分の話をしているのか、を意識して読むことが理解のポイントになります。

「電子帳簿保存法上の区分」については、1-6節で詳しく説明します。

わかりづらい原因：3．なじみの少ないIT用語が説明もなく使用される

電子帳簿保存法は、国税関係の帳簿書類を、一定の条件を満たせば電子データで保存することを認める法律です。電子データの保存が認められる条件には技術的な対応が必須となるものもあります。

そのため、EDI、タイムスタンプといった経理担当者にはなじみのないIT用語を使わざるを得ない面があります。

図1.5 電子帳簿保存法がわかりづらい理由

① 何度にもわたる法改正	→ これから電帳法に対応するのに、どの条件を充たせば法律違反にならないのかが、わかりにくい	
② データの作成方法や受渡方法が異なると認められる保存の条件が違う	→ どの作成方法や受渡方法の保存条件を説明しているのか、わからなくなる	
③ なじみの少ない IT 用語が説明もなく使用される	→ 何の話をしているのかが、さっぱりわからなくなる	

本書の方針

電子帳簿保存法の内容が理解しづらい点について、本書は以下のような構成で、無駄な労力を費やさずに、理解を深められるようにしています。

1．これから電子帳簿保存法に対応することを考えている方を対象とした解説

これから電子帳簿保存法に対応することを考えられている方が、過去の改正の経緯を知ることは、ほとんど意味のないことです。そこで**本書は、当期から電子帳簿保存法への対応を始める方を対象者としています。**本書に記載するのは、「令和5(2023)年4月現在において、電子帳簿保存法で電子データによる保存が認められる条件」です。例外として、令和6(2024)年から適用になるものについては、今後必要となるため、説明を補足していますが、過去における改正については、一切触れていません。

2．「電子帳簿保存法上の区分」に従った解説

「電子帳簿保存法上の区分」にしたがって、①電子帳簿等保存②スキャナ保存③電子取引について、第２章以下にそれぞれ章を設けて、説明します。

また、上記の①②③の順番で説明している書籍が多くありますが、本書では、対応の容易さ等を考慮し、③①②の順番で説明することにします。

具体的には、それぞれ以下のように対応しています。

第2章→③電子取引
第3章→①電子帳簿等保存
第4章→②スキャナ保存

また、第2～4章では冒頭に「電子帳簿保存法上の区分」を図示し、それぞれの章で学習する区分が明確になるようにしています。

3．IT用語の詳しい説明

システム担当業務を行っていない方にとって、慣れないＩＴ用語は見ただけで思考が停止しがちになります。本書では「POINT」としてコラムを設け、IT用語の詳しい説明を行っています。

電子データから始まって、CSV、XML、PDFなどのファイル形式、また電子帳簿保存法を理解するうえで、知識として不可欠のクラウド、EDI、タイムスタンプについて詳細に説明しています。IT用語に不安のある方は、先に「POINT」に目を通してから、各章を読まれることをお勧めします。

図1.6 本書の方針

① 何度にもわたる法改正	→	過去の改正は説明を省略し、現時点（令和５年４月）における電子帳簿保存法だけを説明する
② データの作成方法や受渡方法が異なると認められる保存の条件が違う	→	「電子帳簿保存法上の区分」にしたがって、各章でそれぞれ説明を行う
③ なじみの少ない IT 用語が説明もなく使用される	→	なじみのない IT 用語について、コラムを設けて、説明する

先生のお話を聞いて、学習の方向性が少し見えてきたような気がします。

1-4

電子帳簿保存法に対応して、利益はあるのか

- 電子帳簿保存法に対応した場合、以下の優遇措置があります。
- ❶過少申告があった場合の加算税が5%軽減される
- ❷青色申告特別控除が10万円上乗せされ65万円になる

電子帳簿保存法の内容が少しわかってきました。業務の効率化以外に、対応して良いことはあるんですか。

もし、過少申告があったら、加算税が5%軽減されるね。さらに所得税の青色申告特別控除が10万円上乗せされ65万円になるよ。

電子帳簿保存法に対応する場合の優遇措置

電子帳簿保存法では、「優良な電子帳簿」を備え付けて電子データで保存している事業者は、過少申告加算税の軽減措置や青色申告特別控除額について優遇措置が認められます。(「優良な電子帳簿」の要件については、第3章で説明します)。

過少申告加算税の軽減措置とは、所得税・法人税または消費税に係る修正申告などがあった場合、申告漏れに課される過少申告加算税が軽減される措置です。過少申告加算税の金額は、新たに納めることになった税金の10パーセント相当額です。(新たに納める税金が当初の申告納税額と50万円とのいずれか多い金額を超える場合、その超える部分については15パーセント)。この過少申告加算税の税率が5%軽減されます。

税金の計算は複雑です。正しく計算したつもりでも、税務調査などで予想しなかった申告漏れを指摘されることはよく聞く話です。申告漏れのあった場合に、本来払うべき税額に加えて課されるペナルティが過少申告加算税です。過少申告加算税の税率が5%軽減されれば、申告漏れとなっ

た税額が大きい場合、大きな利点になります。

例）
税務調査で法人税の申告漏れが発見され、400,000円の税額を追加で納付することになった場合の過少申告加算税

◆優良な電子帳簿の場合
400,000円×5%＝20,000円

◆優良な電子帳簿の要件を満たさない電子帳簿、電子帳簿以外の帳簿の場合
400,000円×10%＝40,000円

所得税の青色申告特別控除とは

青色申告特別控除は、青色申告の承認を受けて一定の要件を満たしている場合に、所得税の控除を受けられる制度です。優良な電子帳簿で保存を行っている場合には、この控除額が通常の55万円から65万円になるため、10万円多く控除を受けることができます。

図1.7 **青色申告特別控除額**

適用要件／青色申告特別控除額	複式簿記（正規の簿記の原則で記帳）	貸借対照表と損益計算書を添付	期限内に申告	e-Taxで電子申告又は優良な電子帳簿保存
65万円	○	○	○	○
55万円	○	○	○	–
10万円	（簡易な記帳）	–	–	–

出典：https://www.keisan.nta.go.jp/r4yokuaru/cat2/cat26/cat267/cid548.htmlより作成

図1.8 優遇措置

電子帳簿保存法に対応すれば、それなりにいいこともあるんですね。うちの会社に税務調査が入ることはよくあるので、過少申告加算税の軽減は魅力のあるインセンティブですね。

1-5

電子帳簿保存法に違反すると どのような不利益があるのか

- 電子帳簿保存法に違反した場合に考えられる不利益には、以下のものがあります。
- ❶青色申告の取消
- ❷推計課税を受けたり、重加算税が課される可能性
- ❸会社法違反として、100万円以下の過料が科される可能性

電子帳簿保存法に対応するため、どんなことをすればよいか、概要はわかりました。ところで、コンプライス違反かもしれませんが、違反すると何かまずいことはあるんですか。

まず、青色申告の承認を取り消される恐れがあるね。会社法違反として、100万円以下の過料を徴収される場合も考えられる。また、推計課税を受けたり、重加算税が課される可能性もあるから注意する必要があるよ。

電子帳簿保存法に違反した場合の不利益

電子帳簿保存法に違反した場合の不利益として、まず青色申告の取消しがあります。青色申告による確定申告では、最大65万円の青色申告特別控除や純損失の繰越・繰戻しなど、多くの節税メリットを受けることができます。青色申告を取り消されるとこのメリットを失うことになります。

青色申告の承認が取り消されると白色申告者となってしまいますが、白色申告では、青色申告に適用されていた特例がないだけでなく、「推計課税」を受けるリスクがあります。

「推計課税」とは、税務署が所得税や法人税の額を推計して決定し、課税することです。推計であるため、税務署の考える計算で税額が決められてしまい、会社としては予想外の納税額となります。

さらに、電子帳簿保存法に従って、書類の電子データ化や保存を行っていない場合、それ以外の国税に関する帳簿書類も規定された方法で保管されていないと判断されるケースも考えられます。悪質な隠ぺいや改ざんで納税額を少なく申告したとみなされると、重加算税が課されます。重加算税は通常追徴税額の35%ですが、電子取引データ、スキャン保存データについて（電子取引データは第2章で、スキャン保存データは第3章で説明します）、故意にデータの削除・改ざん等を行って、重加算税が課せられると、さらに10%加重された45%の金額を納めなければなりません（重加算税が課される場合の詳しい説明は2−7節を参照してください）。

また、会社法第976条には、100万円以下の「過料に処すべき行為」が記載されています。そのなかに、帳簿や書類の記録・保存に関する規定があり、虚偽の記帳や保存義務の違反を行った場合の罰則を定めています。**電子帳簿保存法に違反することは、保存義務の違反に該当する可能性があり、100万円以下の過料を科せられる可能性があります。**

図1.9　電子帳簿保存法に違反したときの罰則

青色申告の取り消し

取引の事実が、書面などからきちんと確認できる場合、直ちに青色申告の取り消しとはならない

重加算税の課税

スキャン保存データと電子取引データについて、仮装隠ぺいが見つかった場合、通常、追徴税額の35%の重加算税が10%加重される

会社法による過料

100万円以下の過料が科される

電子帳簿保存法に違反するとこれだけのデメリットがあるとは知りませんでした。違反しないように注意して、電子帳簿保存法へ対応しなければなりませんね。

1-6

電子帳簿保存法で対応すべきことは？保存対象の書類とは？

- 電子データで保存することができる国税関係帳簿書類は次の3つです。
- ❶仕訳帳、総勘定元帳などの帳簿
- ❷貸借対照表、損益計算書などの決算書類
- ❸請求書、領収書など、決算書類の根拠となる証憑

私の会社が、電子帳簿保存法の対象であることはわかりました。電子帳簿保存法に対応する場合、最初にどんなことから始めればいいでしょうか？

最初は、電子データ保存の対象となる書類について、整理するところから始めよう。

電子データ保存の対象となる資料は？

1年間に生じた所得を正しく計算して申告するためには、日々の取引の状況を記帳し、帳簿や書類を一定期間保存する必要があります。

電子帳簿保存法で保存対象となるのは、国税関係の帳簿類、書類です。国税には法人税、所得税、消費税、酒税等があります。

対象となる帳簿類は、仕訳帳、総勘定元帳、現金出納帳など経理処理と関係する帳簿です。

対象となる書類は、国税を計算するために作成する決算書類である貸借対照表、損益計算書、棚卸表など。そして、その根拠資料になる見積書、契約書、請求書、領収書などの証憑書類です。

国税の計算に関係のない社内規定と業務に関係する業務関係書類は、電子帳簿保存法の保存対象ではありません。

図1.10 電子帳簿保存法で保存対象となる書類

帳簿	仕訳帳、総勘定元帳、現金出納帳など	対象
決算書類	貸借対照表、損益計算書、棚卸表など	
証憑書類	見積書、契約書、請求書、領収書など	
社内規程	定款、就業規則、経理規程、給与規定など	対象外
業務関係書類	株主総会議事録、取締役会議事録、稟議書など	

最初は、会社の書類で電子帳簿保存法の保存対象になっているものを確認するんですね。

1-7

保存に必要とされる条件はどこで決まる？

- 「電子データの作成方法、受渡方法」による分類が「電子帳簿保存法上の区分」です。
- 以下の3つに分かれます。
- ❶電子帳簿等保存
- ❷スキャナ保存
- ❸電子取引

電子帳簿保存法で保存するのが、帳簿と書類だけだとすると、その電子データを保存すればいいだけですから、それほど難しい話ではなさそうですね。

同じ取引関係書類でも、会計ソフトやPCを使って作った書類、紙で作った書類、電子取引で受渡した書類で保存を認める条件が全く違うんだ。ここが、電子帳簿保存法で一番わかりづらい所だよ。

電子データ保存の区分は？

1-3節で触れた、電子帳簿保存法で最もわかりづらい所です。

電子帳簿保存法では、同じ国税関係の書類でも、元になるデータをどのように作成しているのか、どのように受渡しているのかによって、電子データによる保存が認められる条件が違います。

電子帳簿保存法では、この条件を以下のように区分しています。

まず、**電子メールなどを使って、取引情報を電子データで受渡する取引は、全て「電子取引」として扱われます。電子取引を行った場合は、その取引情報を電子データで保存する必要があります**（猶予措置について、1-2節を参照してください）。どんな取引が電子取引に該当するかについては、第2章で詳しく説明します。

次に事業者が会計ソフト等を使って、国税関係帳簿書類を作成している場合、必要とされる条件を満たせば、国税関係帳簿書類を紙で出力する必要がなくなり、電子データで保存することができます。必要とされる条件については、第3章で詳しく説明します。

国税関係帳簿には、総勘定元帳、仕訳帳、現金出納帳、売掛金元帳、買掛金元帳、固定資産台帳、売上帳、仕入帳等が、国税関係書類には、棚卸表、貸借対照表、損益計算書、注文書、契約書、領収書等が該当します。

最後に、自己が紙で作成、または相手方から受領した紙で作成された取引関係書類はスキャナ等を使用して、所定の適用要件を満たす形式で読み込めば、読み込んだ電子データで保存することができます。必要とされる条件については、第4章で詳しく説明します。

国税関係書類のうち、棚卸表、貸借対照表、損益計算書、整理または決算に関して作成された書類等の決算関係書類は、会計ソフト等を使ったものだけが電子データで保存できるものとされ、スキャナ等で読み込んだ電子データでは保存できません。

上記の「元になるデータをどのように作成しているのか、どのように受渡しているのか」による分類を電子帳簿保存法では、「電子帳簿保存法上の区分」としています。

「電子帳簿保存法上の区分」は以下の3つに分かれます。

❶電子帳簿等保存：
会計ソフト等を使って作成した国税関係帳簿書類の情報を電子データで保存する場合。または、PC等で作成した国税関係書類を電子データで保存する場合。

❷スキャナ保存：
紙で作成された取引関係書類をスキャナ等を使用して読み込み、その画像の電子データを保存する場合。

❸電子取引：
電子取引を行い、取引情報を電子データで保存する場合。

電子帳簿保存法上の区分を制度として大別すると以下のようになります。

図1.11 電子帳簿保存法の制度構成

<table>
<tr><th>保存対象</th><th>電子帳簿保存法上の区分</th></tr>
<tr><td>(1) 国税関係帳簿の電子データ（電帳法４条１項）</td><td rowspan="2">❶電子帳簿等保存</td></tr>
<tr><td>(2) 国税関係書類の電子データ（電帳法４条２項）</td></tr>
<tr><td>(3)紙の取引関係書類（電帳法４条３項）</td><td>❷スキャナ保存</td></tr>
<tr><td>(4)電子取引の取引情報の電子データ（電帳法７条）</td><td>❸電子取引</td></tr>
</table>

上記の区分を1-3節で説明した電子帳簿保存法の保存対象と合わせて整理すると以下のようになります。

図1.12 電子帳簿保存法上の区分

<table>
<tr><th colspan="4">保存対象</th><th>保存方法</th><th>電子帳簿保存法上の区分</th></tr>
<tr><td colspan="3">国税関係帳簿</td><td>総勘定元帳
仕訳帳
現金出納帳
売掛金元帳　等</td><td rowspan="3">電子データで保存</td><td rowspan="3">❶電子帳簿等保存</td></tr>
<tr><td rowspan="3">国税関係書類</td><td colspan="2">決算関係書類</td><td>棚卸表
貸借対照表
損益計算書　等</td></tr>
<tr><td rowspan="2">取引関係書類</td><td>自己が発行</td><td>見積書控
契約書
請求書控
領収書控　等</td></tr>
<tr><td>相手から受領</td><td>見積書
契約書
請求書
領収書　等</td><td>スキャナ保存</td><td>❷スキャナ保存</td></tr>
<tr><td>電子取引</td><td colspan="2">Web上で確認
電子メールで受領
EDI</td><td>見積書
契約書
請求書
領収書　等</td><td>電子データで保存</td><td>❸電子取引</td></tr>
</table>

上記の区分で分かりづらいのは、自己が発行した書類であっても、会計ソフト等を使って電子データで作成した場合は、電子データで保存となり、紙で作成した場合はスキャナ保存になる点です。この点に注意すれば、電子帳簿保存法で定めていることはそれほど難しい事ではありません。

電子帳簿保存法について、保存に必要とされる条件を読む場合、上記図表1-12でどの部分についての説明であるのかを常に確認することが、電子帳簿保存法を理解するうえで最も重要なことです。

図1.13　電子帳簿保存法上の区分(イメージ)

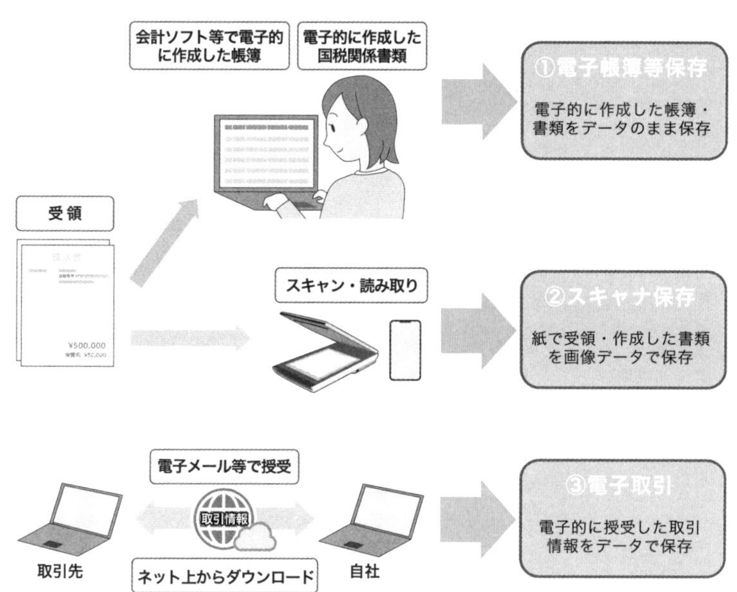

出典：電子帳簿保存法が改正されました(国税庁)から作成

電子データで保存しようと思う書類が、電子帳簿保存法上でどの区分にあって、「電子データ保存にどんな条件が必要とされるか」を整理できれば、電子帳簿保存法が理解できるということですね。

第2章

電子取引データの保存方法について知ろう

電子取引は、取引情報の受け渡しを電子データで行う取引です。電子取引には、いわゆるEDI取引、インターネット等による取引、電子メールを使って情報の受け渡しをする取引、サイトを通じて取引情報をやり取りする取引などがあります。

この章ではまずどんな取引が電子取引に該当するのかについて説明します。

また、電子取引の取引情報を電子データで保存するには、データが改ざんされていない本物であることを保証し、いつでも見られるようにする必要があります。

電子取引に該当する取引を把握し、保存に求められる要件を理解することが、この章のポイントになります。

この章の学習範囲

この章では、下記のハイライト部分を学習します。

<table>
<tr><th colspan="4">保存対象</th><th>保存方法</th><th>電子帳簿保存法上の区分</th></tr>
<tr><td colspan="3">国税関係帳簿</td><td>総勘定元帳
仕訳帳
現金出納帳
売掛金元帳　等</td><td rowspan="3">電子データで保存</td><td rowspan="3">❶電子帳簿等保存</td></tr>
<tr><td rowspan="4">国税関係書類</td><td colspan="2">決算関係書類</td><td>棚卸表
貸借対照表
損益計算書　等</td></tr>
<tr><td rowspan="3">取引関係書類</td><td rowspan="2">自己が発行</td><td>見積書控
契約書</td></tr>
<tr><td>請求書控
領収書控　等</td><td rowspan="2">スキャナ保存</td><td rowspan="2">❷スキャナ保存</td></tr>
<tr><td>相手から受領</td><td>見積書
契約書
請求書
領収書　等</td></tr>
<tr><td>電子取引</td><td colspan="2">Web上で確認
電子メールで受領
EDI</td><td>見積書
契約書
請求書
領収書　等</td><td>電子データで保存</td><td>❸電子取引</td></tr>
</table>

2-1

電子取引データの保存制度とは？

電子取引の電子データでの保存義務は現在どうなっているのか？

- 電子取引データの保存制度は、以下の通りです。
- ❶電子取引を行った場合、取引情報を電子データで保存しなければならない
- ❷令和5(2023)年度の改正による猶予措置により、当面は紙出力保存も認められる

第2章 電子取引データの保存方法について知ろう

電子取引に係るデータ保存制度はどんな内容なのでしょうか。

電子取引を行った場合、取引情報を電子データで保存しなければならないというものなんだ。

電子取引に係るデータ保存制度はどのような内容か？

所得税法と法人税法では、取引に関して相手方から受け取った注文書、領収書等や相手方に交付したこれらの書類の写しの保存義務が定められています。これらの**取引情報を電子データで受け渡しした場合、その電子データを定められた方法で保存しなければならないとするのが、電子取引に係るデータ保存制度**です。

令和3(2021)年度の電子帳簿保存法改正で、電子取引については紙での保存が禁止され、令和4(2022)年1月から電子データでの保存が義務づけられたため、その対応が急がれました。しかし、令和4(2022)年度の改正で2年間の猶予期間を設ける宥恕(ゆうじょ)措置が設けられました。この宥恕措置の適用期間(令和4(2022)年1月1日～令和5(2023)年12月31日)は紙出力保存が容認されることになりました。

令和5(2023)年度の改正で宥恕措置は当初の予定通り、令和5(2023)年12月までとして廃止されます。一方、宥恕措置に代わり、**下記全ての要件を満たす場合、電子取引による取引情報の紙出力保存を認める猶予**

措置が令和6(2024)年1月より実施されます。

紙出力保存が認められる条件は下記の3点です。

- 保存要件に従って保存することができない相当の理由があると納税地の税務署長に認められること
- 税務調査の際に取引情報の電子データをダウンロードできるようにしておくこと
- 出力書面を適切に保存し、税務調査の際には提示できるようにしておくこと

猶予措置が設けられたとはいえ、今後、あらゆる分野で電子データ化が進むことは避けられません。社会環境の変化に応じて猶予措置が終了することも十分予想されますので、電子データでの保存への対応の検討は引き続き必要であると思われます。

POINT

EDI取引とは

EDIは電子データ交換(Electronic Data Interchange)の略です。

EDI取引とは、企業間取引で発生する契約書や受発注書、納品書や請求書などの書類を、専用回線または通信回線を用いて、電子データでやり取りする仕組みのことをいいます。EDI取引では、EDIシステムと呼ばれるデータ変換システムで取引先と電子データをやり取りします。

図2.1 EDI

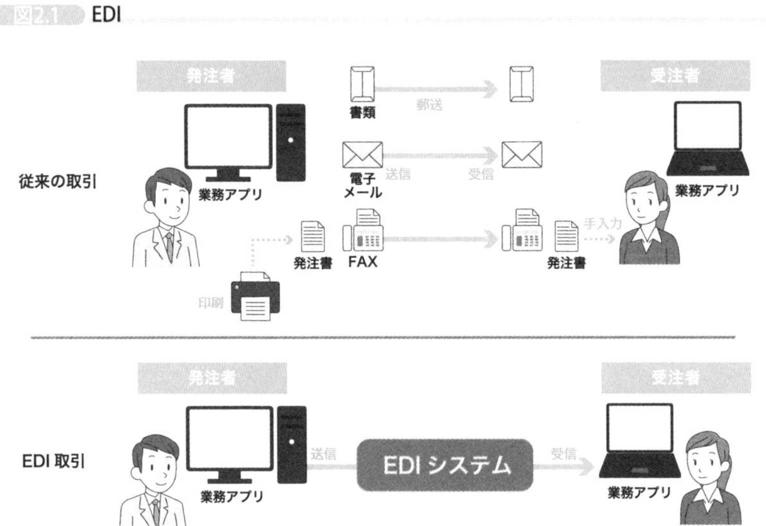

従来の取引は以下のような手順で受発注を行っていました。

①発注事業者がPCなどで発注書を作成する

②作成した発注書を、受注企業にFAX、電子メール、郵送などで送信する

③受注した事業者が自社システムに受注データを入力して、受注管理を開始する

④受注した事業者が商品や出荷伝票、納品書などを準備し、出荷する

⑤発注事業者に商品が届き、検収書を作成する

⑥発注事業者が作成した検収書を、受注事業者に郵送する

EDIを導入すると、作業手順は以下のようになります。

❶発注事業者がEDIシステムに発注を入力し、受注先に発注データを送信する
❷受注した事業者が受注承認すると、受注管理データが作成される
❸受注した事業者が商品を出荷し、EDIシステムに出荷入力すると伝票、納品書などのデータが発注事業者に送信される
❹発注事業者に商品が届き、発注企業がEDIシステムに検収入力すると検収データが受注事業者に送信される

図2.2 EDIによる商取引の流れ

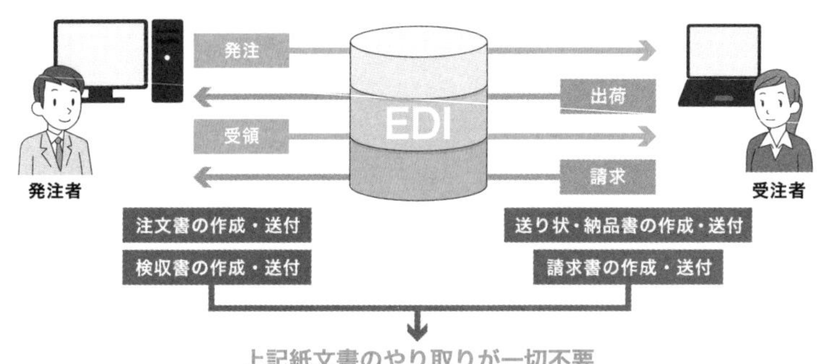

2-2

電子取引に該当するものにはどんなものがあるのか？

電子メールによる受発注は電子取引に該当するのか

- 電子取引には以下のものが該当します。
- ❶取引データ変換システムを使った電子データのやり取り（いわゆるEDI取引）
- ❷インターネット等による取引
- ❸電子メールを使って情報の受け渡しをする取引
- ❹サイトを通じて取引情報をやり取りする取引（ASP事業者を介した取引などがこれに該当します）

電子取引って、取引情報の受け渡しを電子データで行う取引と理解していますが、具体的にはどんなものがあるんですか？

いわゆるEDI取引、インターネット等による取引、電子メールを使って情報の受け渡しをする取引、サイトを通じて取引情報をやり取りする取引などがあるね。

電子取引の例

電子取引とは、取引情報の受け渡しを電子データで行う取引です。取引情報とは、「取引に関して、受け渡しする注文書、契約書、送り状、領収書、見積書などに通常記載される事項」をいいます。

具体的には、以下の(1)から(7)などが電子取引の例としてあげられます。

図2.3 電子取引の例

(1)	電子メールにより請求書や領収書等のデータ（PDFファイル等）を受領
(2)	発行者のウェブサイトで領収書等をダウンロードする
(3)	電子請求書や電子領収書の受渡しにクラウドサービスを利用
(4)	クレジットカードの利用明細データ、交通系ICカードによる支払データ、スマートフォンアプリによる決済データ等を活用したクラウドサービスを利用
(5)	特定の取引にEDIシステムを利用
(6)	ペーパーレス化されたFAX機能を持つ複合機を利用
(7)	請求書や領収書等のデータをDVD等の記録媒体を介して受領

従業員が電子取引を行って、会社の経費を立替えた場合

従業員が電子取引を行って、会社の経費を立替えた場合、本来は、会社の電子取引に該当します。そのため、電子データで受領した領収書等のデータは、立替経費精算を申請した従業員から会社に送ってもらう必要があります。ただし、すぐに会社がデータを収集できない場合もあるので、会社側で日付・金額・取引先に紐づく検索ができる状態で管理していれば、従業員が一定期間自身のパソコンなどに保存しておくことも認められます。

また、e-Tax でダイレクト納付等の電子納税を行った場合にメッセージボックスに格納される受信通知（納付区分番号通知、納付完了通知）は、電子帳簿保存法で保存対象となる電子取引ではありません。

e-Taxの受信通知は、保存対象ではないんですね。会社の人が電子取引を行って会社の経費を立替えた場合には、会社としてどのように電子データを管理するのか、注意が必要ですね。

2-3

電子データで保存するための基本要件とは？

電子データは事務所の所在地または納税地にしか保存できないのか？

- 電子取引の取引情報を電子データで保存するには以下の要件を満たす必要があります。
- ❶保存されたデータを検索・表示できるようにする（可視性の確保）
- ❷データが改ざんされていないことを保証する（真実性の確保）

どんな取引が電子取引に該当するのかは、わかってきました。後はデータを保存すれば終わりですね。

ただ保存すればいい訳じゃないよ。保存したデータを検索・表示できるようにしたり、データが改ざんされていない本物であることを保証しなければならないんだ。

電子取引データの保存に必要な条件

電子取引を行い、そのデータを保存する場合、(1) 保存されたデータの検索・表示（可視性の確保）(2) データが改ざんされていない本物であることの保証（真実性の確保）ができる必要があります。具体的には以下の要件を満たして、保存する必要があります。

この節では、後述する(1)①②を中心に、説明します。

(1)保存されたデータを検索・表示できるようにするために必要なこと

以下の①から③の全てを行う必要があります。

①関係書類等の備え付け（システムの概要を記載した書類の備え付け）

②見読可能性の確保（取引内容を画面、書面に出力できるようにする）

③検索機能の確保（検索機能を設ける）
（検索機能については、2-4節で詳しく説明します）

(2)データが本物であることを保証するために必要なこと

改ざんを防止するため、以下の①〜④のいずれかを行う必要があります。

①タイムスタンプを付した後に受け渡しを行う
（タイムスタンプについては、2-5節で詳しく説明します）
②授受の後、速やかにタイムスタンプを付す
③データの訂正削除を行った場合、訂正削除の記録が残るシステム、またはデータの訂正削除を行う事の出来ないシステムを利用して、データの受渡と保存を行う
④訂正削除の防止について事務処理規定を備えつける

(1)①関係書類等の備え付け

システムの概要を記載した書類とは、システム概要書のことです。システム概要書の備え付けが必要となるのは、電子データの保存に自社開発のプログラムを使用する場合に限ります。

また、システム概要書は書面以外の方法で備えつけることもできます。そのため、オンラインマニュアルやオンラインヘルプ機能にシステム概要書と同等の内容が組み込まれていれば、システム概要書が備えつけられているものとされます。

(1)②見読可能性の確保

電子データは、肉眼で確認するためには、ディスプレイ等に出力しなければなりません。

そのために、電子取引の電子データを保存する場所にPC等、プログラム、ディスプレイ、プリンタとその操作説明書を備えつけて、電子データをディスプレイと書面に整然とした形式、明瞭な状態で、速やかに出力できるようにする必要があります。

ディスプレイやプリンタ等の性能や設置台数等は、特に要件とされてはいません。ただし、税務調査の際には、保存義務者が日常業務に使用しているものを使用します。一応スムーズに業務が行える程度の性能と事業規模に応じた設置台数を確保することが前提となります。また、「速

やかに出力できる」ことも要件となっていますので、税務調査時にはディスプレイを優先して使用できるように、事前に時間調整を行う必要があります。

　また、**税務調査の際に、電子データの画面と書面への出力に当たっては、書面で作成した帳簿書類のように容易に理解できる形式である必要があります。**この形式については、具体的な定めがないため、税務調査官が容易に内容を理解できる形式と状態で短時間に出力できれば、単なる画面印刷(ハードコピー)でも認められます。

電子データを保存する保存媒体は自由？

　電子データを保存する際、保存媒体としては、ハードディスク、SSD、USBメモリー、SDカード、光学ディスク等、様々な媒体が考えられます。**電子帳簿保存法では、上記(1)(2)の保存要件を満たしていれば、外部記憶媒体について、特に要件は設けていません。**したがって、最も利用しやすい保存媒体に保存することになります。

複数の保存媒体に分割して保存しても問題ないか？

　国税関係書類の電子データの検索については、一課税期間ごとに検索できる必要があります。そのため、**電子データの保存媒体への保存は少なくとも一課税期間に一つの保存媒体に行うのが、原則になります。**

　一方、データ量が膨大である等の理由で複数の保存媒体でなければ保存できない場合や、中間決算のため半期ごとに帳簿を作成している場合、取引先ごとに指定のEDIやプラットフォームのある場合など、合理的な理由があるときには、その理由に基づく期間ごとで範囲を指定して検索をすることができれば、問題ありません。

データ量が膨大で月次単位でしか、保存できない
　→月次ごとで範囲を指定して検索出来れば、問題なし
中間決算のため半期ごとに帳簿を作成している
　→半期ごとで範囲を指定して検索出来れば、問題なし

バックアップデータの保存は必要か？

電子帳簿保存法で、バックアップデータの保存は必要とはされていません。ただし、電子データはハードウェアの不具合等によって、消失する危険性も高く、媒体によっては経年劣化によって、電子データを読み込めなくなる可能性もあるため、バックアップデータを保存することが望まれます。

クラウドサービスの利用やサーバを海外に置くことは可能か？

電子データの保存場所は、国税に関する法律の規定によって決まります。国税でデータの保存場所は事務所の所在地か納税地となっています。法律から考えると、保存場所が明確ではないクラウドサービスの利用やサーバを海外に置くことは、法の決めている保存場所に電子データが保存されていないように見えます。

近年は、コンピュータがネットワーク化され、通信回線のデータ送信も高速化されています。そのため、コンピュータ間のデータ送受信は瞬時に行われます。保存場所にあるPC等と国税関係電子データを保存するPC等が通信回線で接続され、保存場所で電子データをディスプレイの画面と書面に、要件に従って、短時間で出力できれば、電子データは保存場所に保存されているものとされます。

したがって、電子データが海外にあるサーバに保存されている場合でも、保存要件を満たし、納税地にあるPC等で電子データをディスプレイの画面と書面に、短時間で出力することができれば、納税地に保存がされているものとされます。

POINT

クラウドとは

クラウドはクラウドコンピューティングの略です。ユーザーがインターネット等のネットワーク経由で、サーバー・ストレージ等のITリソースや、アプリケーションソフトウェア等を利用することのできるサービスをいいます。

従来、コンピュータでストレージを使用する場合は、直接本体に接続する必要がありました。また、アプリケーションを使用する場合、ストレージにソフトをインストールして、起動させる必要がありました。このようなサーバーなどのハードウェアを自社内やデータセンター内に設置し、ユーザー自身が管理運用する方式は現在「オンプレミス」と呼ばれています。

一方、クラウドでは、ソフトウェアを動作させるITリソースやサービスはすべてクラウドベンダーが所有しています。ユーザーはそれらをインターネット経由で利用します。ユーザーは、インターネットを通じて、ベンダーの所有するサーバーにインストールされたソフトウェアを利用することになります。そのため、接続する機器さえあれば、アプリケーションやストレージを用意する必要もありません。

図2.4　クラウドのイメージ

クラウドの利用形態はIaaS(イアース、アイアース)、PaaS(パース)、SaaS(サース)の3タイプに分類されます。

IaaS (Infrastructure as a Service) は、ネットワーク経由で、サーバーなどのインフラを提供するクラウドサービスです。提供されるのは、仮想サーバー・仮想ネットワーク等、基盤だけです。ユーザーはその上に、自分の選んだOS、ソフトウェアをインストールして動かすことができます。

PaaS (Platform as a Service) は、ネットワーク経由で、アプリケーションの開発/実行環境を提供するクラウドサービスです。提供されるのは、仮想サーバー・仮想ネットワークだけでなく、OSまでが提供されます。ユーザーはその上に自分の選んだアプリケーションをインストールして動かすことができます。

SaaS(Software as a Service)とは、ネットワーク経由で、アプリケーションを提供するタイプのクラウドサービスです。ユーザーは提供されたアプリケーションの機能を利用することしかできません。

POINT

ASPとは

ASPとはアプリケーション・サービス・プロバイダ(Application Service Provider)の略で、インターネット上でアプリケーションを提供するサービスの提供者(事業者)のことをいいます。提供されるソフトウェアやサービスのことをASPサービスと言います。

ASPはSaaSと混同されることもありますが、ASPは「アプリケーションサービス提供者」を表すのに対して、SaaSは提供されるクラウドサービスの内容を表す言葉です。

データの保存について、必要な条件はたくさんあるんですが、保存場所や媒体については、割と自由に決めていいんですね。

POINT

検索とは

あるデータの集まりから目的のデータを見つけ出すことです。

例として、以下のようなデータがあるとします。

図2.5　データ例

	A	B	C	D	E	F
1	連番	日付	金額	取引先	備考	
2	①	20210131	110000	㈱霞商店	請求書	
3	②	20210210	330000	国税工務店㈱	注文書	
4	③	20210228	330000	国税工務店㈱	領収書	
5	④	20210331	250000	㈱霞商店	請求書	
6	⑤	20210410	430000	国税工務店㈱	注文書	
7	⑥	20210418	430000	国税工務店㈱	領収書	
8	⑦	20210505	370000	㈱霞商店	請求書	
9	⑧	20210620	290000	㈱霞商店	請求書	
10	⑨	20210709	170000	国税工務店㈱	注文書	
11	⑩	20210722	170000	国税工務店㈱	領収書	
12						

このデータを取引先「国税工務店㈱」で検索します。

図2.6　検索結果

	A	B	C	D	E	F
1	連番	日付	金額	取引先	備考	
3	②	20210210	330000	国税工務店㈱	注文書	
4	③	20210228	330000	国税工務店㈱	領収書	
6	⑤	20210410	430000	国税工務店㈱	注文書	
7	⑥	20210418	430000	国税工務店㈱	領収書	
10	⑨	20210709	170000	国税工務店㈱	注文書	
11	⑩	20210722	170000	国税工務店㈱	領収書	
12						

上記のように取引先「国税工務店㈱」を含むすべてのデータを見つけ出すことを検索といいます。

2-4

必要とされる検索機能は？

日付、金額での検索はどの程度できればよいのか

電子取引の取引情報を電子データで保存するには以下の検索機能を確保する必要があります。
❶検索条件として、取引年月日、その他の日付、取引金額、取引先を設定できる
❷範囲を指定して、日付または金額は条件を設定できる
❸二つ以上の項目を組み合わせて、条件を設定することができる

取引記録を電子データで保存するのに、「検索機能を確保する」という条件があるんですが、どんなことができればいいんですか。

特定の条件に合ったデータだけが表示されるようにすればいいんだ。
条件としては、日付、金額、取引先があるね。

データ検索機能の確保

電子取引の取引情報を電子データで保存するには以下の検索機能を確保する必要があります。

❶検索条件として、取引年月日、その他の日付、取引金額、取引先を設定できる
❷日付または金額は、範囲を指定して条件を設定できる
❸条件は、二つ以上の項目を組み合わせて設定できる

電子データについて、税務職員による質問検査権に基づくダウンロードに応じることができる場合は、❷❸の機能は不要となります。「ダウンロードに応じること」とは、当該職員の求めの全てに応じた場合をさし、その求めに一部でも応じない場合、この規定の適用は受けられません。「税

務職員による質問検査権に基づくダウンロードに応じることができる」とは、「税務署職員が要求する電子データを短時間で提供できる」という意味です。

また、ダウンロードに応じることができ、判定期間に係る基準期間における売上高が1,000万円以下の事業者については❶～❸全ての検索機能が不要です（令和5(2023)年の税制改正により、電子取引については、令和6(2024)年以降、判定期間に係る基準期間における売上高が5,000万円以下に引き上げられます。一方、「電子取引データをプリントアウトした書面を、取引年月日その他の日付、取引先ごとに整理された状態で提示・提出することができるようにしている保存義務者」は検索機能が不要になります）。

「税務署職員が要求する電子データを短時間で提供する」という条件を満たすには、何が必要か

保存している電子データを、CSV形式など通常出力できると考えられるファイル形式等で提供する必要があります。

税務職員が出力可能な形式を指定して、電子データの提供を要求したにもかかわらず、検索性等に劣るそれ以外の形式で提出された場合には、要求する電子データを提供するできないことになります。

また、税務署職員が要求する電子データを短時間で提供できるようにしておく場合について、電子データを保存した記憶媒体の提示・提出は含まれていませんが、その記憶媒体が、税務調査の確認対象となる場合もあります。

POINT

CSVファイルとは

ファイルは、コンピュータにおけるデータの管理単位の一つです。データを記録する際に、データのまとまりの最小の記録単位のことをいいます。

図2.7 保存された様々なファイルイメージ

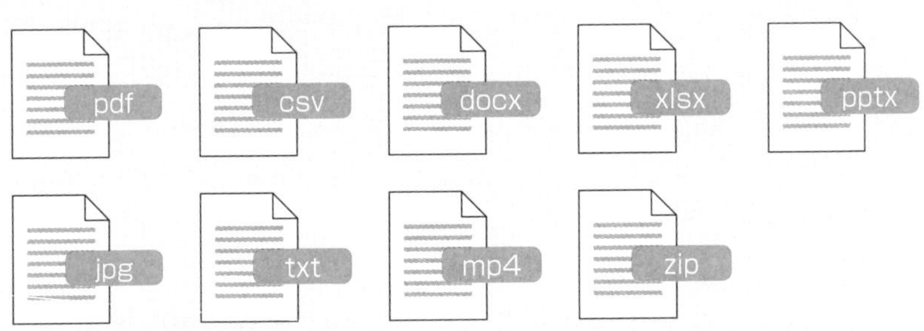

CSVファイルはファイルの形式の一つです。CSVは、Comma Separated Valueの略で、カンマで区切られた値という意味になります。
CSVファイルは「値をカンマで区切ったもの」でできているテキストファイルです。データとしては以下の形式になります。

図2.8 CSVデータの例

```
ID, 姓, 名, 郵便番号, 住所 1 , 住所 2 , 住所3, 性別, 年齢, 携帯電話
1, 河西, 将之, 379-0115, 群馬県, 安中市, 中宿0-0-0, 男, 53, 000-0000-0000
2, 野津, みちる, 247-0053, 神奈川県, 鎌倉市, 今泉台0-0-0, 女, 26, 000-0000-0000
3, 田中, 悟, 403-0002, 山梨県, 富士吉田市, 小明見0-0-0, 男, 年齢, 000-0000-0000
4, 阪井, 素子, 906-0001, 沖縄県, 宮古島市, 平良大神0-0-0, 女, 25, 000-0000-0000
5, 鈴木, 健司, 836-0011, 福岡県, 大牟田市, 健老町0-0-0, 男, 42, 000-0000-0000
6, 下村, 美徳, 089-1246, 北海道, 帯広市, 幸福町0-0-0, 女, 24, 000-0000-0000
```

データは全てカンマで区切られています。

CSVファイルは、多くのアプリケーションで読み取ることができるため、データのやり取りで使われるなかでも、最も互換性の高いファイルです。

判定期間に係る基準期間の売上高が1,000万円以下の場合とは

個人事業者は電子取引が行われた日が属する年の前々年の1月1日から12月31日までの期間の売上高、法人は電子取引が行われた日が属する事業年度の前々事業年度の売上高が、1,000万円を超えるかどうかで判断します。

図2.9　基準期間

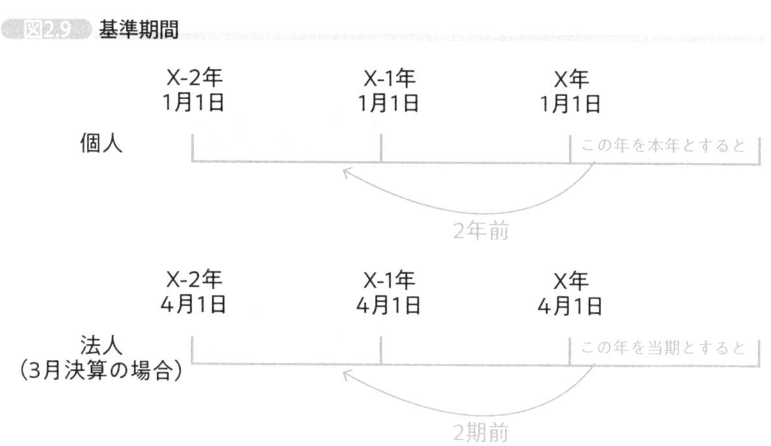

基準期間がない新規事業者の初年と翌年、新設法人の初年度と翌年度は、電子データの保存について、検索機能の確保が不要となります。また組織変更等の場合の判定期間は、消費税法の場合と同じ方法で判断します(令和5(2023)年の税制改正により、電子取引については、令和6(2024)年以降、判定期間に係る基準期間における売上高は5,000万円以下に引き上げられます)。

検索機能❸「二つ以上の項目を組み合わせて、条件を設定することができる」を満たすには

二つの項目の組合せの条件としては、一般に「AかつB」と「A又はB」とが考えられます。このうち、「A又はB」は、「A」、「B」それぞれを検索項目として検索した結果とデータの重複を除けば、実質的に変わらないため、検

索機能としては求められません。

一方、検索機能❸は、「AかつB」を1回で検索できることを求めるものではなく、「A」で検索した結果を対象にして、「B」で再度検索することができれば、検索機能❸で求められている機能を満たしていることになります。

図2.10 検索機能❸

データ全体

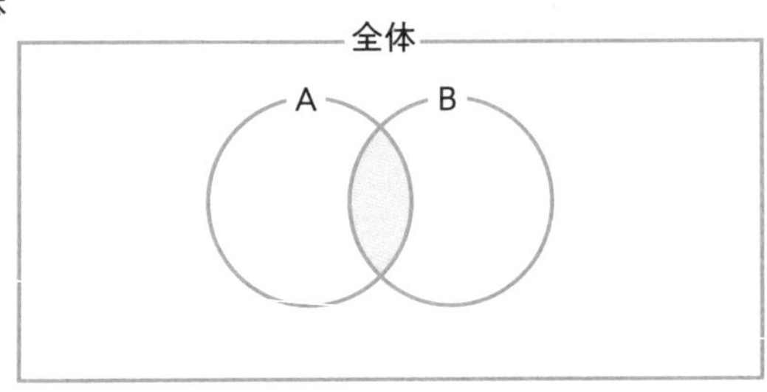

・AまたはBの検索

❶A、Bをそれぞれ検索する

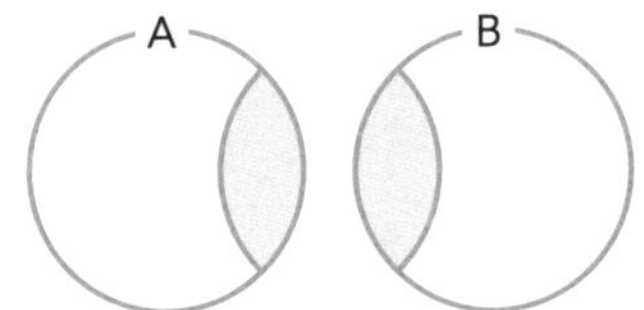

❷❶の結果に重複はあるが「A または B」のデータはすべて含まれている。よって、「A または B」の検索条件は不要

・AかつBの検索

❶最初にAを検索できる

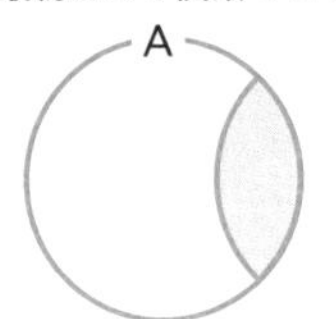

❷❶の結果をBで再度検索できれば、結果として「AかつB」が検索される

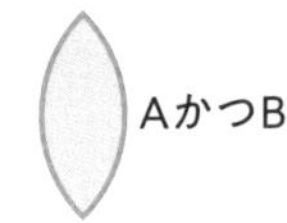

また、税務調査ではまず帳簿を閲覧し、帳簿に関連する金額を検索して確認することになります。そのため、検索要件にある「取引金額」は、帳簿の処理方法(税抜経理/税込経理)に合わせて、「税抜」か「税込」とし、帳簿と同じ金額で検索できるようにしておくべきです。ただし、電子取引で受領するデータの「取引金額」がもともと帳簿の処理方法と異なっている

場合、税抜、税込を統一しないで、電子データに記録されている金額を記録項目とすることも認められます。「取引金額」のうち、取引金額が定められていない契約書や見積書等のデータは「取引金額」を空欄、または0円として、問題ありません。ただし、空欄を対象に検索できるようにしておく必要があります。

検索要件を満たすデータの保存方法は

受領した取引情報に係る電子データについて、**メールシステムが検索機能を備えていない場合、メールに含まれる取引情報が失われなければ、メールの内容をPDF等にエクスポート・変換し、検索機能等を備えたうえで保存する方法も認められます。**

また、複数の請求書等が含まれているPDF形式の電子データの場合、次の要件を満たせば、検索要件を満たすものとなります。

1)受領したPDFファイルの記録事項を変更しないで取引ごとに分割する
2) 一覧性を持って管理するため、分割したファイルのファイル名は規則性を持った記録項目を入力する
3)税務署職員が要求する電子データを短時間で提供できる

POINT

PDFファイルとは

PDFは「Portable Document Format」の略です。データを実際に紙に印刷したときの状態を、そのまま保存することができるファイル形式です。

PDF以外のファイルは、ファイルを作成したアプリケーションを持っていないと閲覧ができません。また、文書を作成したパソコンとは別のパソコンで開いた場合、レイアウトやフォントが崩れてしまうこともあります。しかし、PDF形式のファイルであれば、OSなどが異なる使用環境で開いても全く同じデータを閲覧することができます。

PDFファイルは、レイアウトやフォントが崩れる心配がないため、マニュアルや説明書、レポート、請求書・領収書などによく使われています。

図2.11 PDFとは

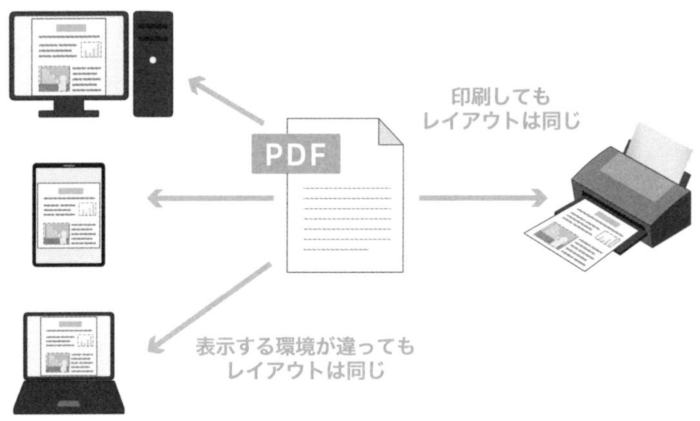

例)電子取引の取引データを保存するシステムがない場合、どうすれば検索機能を確保できるか。

出典：電子帳簿保存法一問一答(電子取引関係)Q43より作成

方法その1

エクセルなどの表計算ソフトを利用し、取引データに係る取引年月日その他の日付、取引金額、取引先の情報を入力して**一覧表を作成し、表計算ソフトの機能を利用することで、項目間で範囲指定、二つ以上の任意の記録項目を組み合わせて条件設定をすることが可能であれば、検索機能の確保の要件を満たすものと認められます。**

この方法の場合、表計算ソフトの一覧表で通し番号を設け、ファイル名と対応させることなどによって、一覧表から取引データを検索できるようにする必要があります。

具体的には表計算ソフトで以下のような一覧表などを作成します。

図2.12　一覧表の例

連番	日付	金額	取引先	備考
①	20210131	110000	㈱霞商店	請求書
②	20210210	330000	国税工務店㈱	注文書
③	20210228	330000	国税工務店㈱	領収書
④				
⑤				
⑥				

方法その2

一覧表を作成しない場合でも、取引データを、税務署職員が要求する電子データを短時間で提供できるようにしておけば、**取引データのファイル名を「取引年月日その他の日付」、「取引金額」、「取引先」を含み、統一した順序で入力しておくことで**、取引年月日その他の日付、取引金額、取引先を検索の条件として設定できるため、検索機能の確保の要件を満たすものと認められます。

具体的には以下のようにファイル名を入力します。

令和4(2022)年11 月30 日付の株式会社霞商事からの20,000 円の請求書データの場合
⇒「20221130_㈱霞商事_20000」

検索機能を確保するのは結構大変そうですね。システム部長と相談し、社内で保存システムを開発するのか、既存のソフトを購入するのか、検討したいと思います。取引件数が少なければ、設例の方法を使って、費用をかけずに検索機能を確保することもできそうですね。

POINT

タイムスタンプとは

ある時刻にその電子データが存在していたことと、それ以降改ざんされていないことを証明する技術のことです。タイムスタンプに記載されているオリジナルの電子データから得た情報（ハッシュ値等）と検証したい電子データの情報（ハッシュ値等）を比較することで、タイムスタンプの付された時刻から改ざんされていないことを確実かつ簡単に確認することができます。
（ハッシュ値については、次のコラムを参照してください）

図2.13 タイムスタンプ

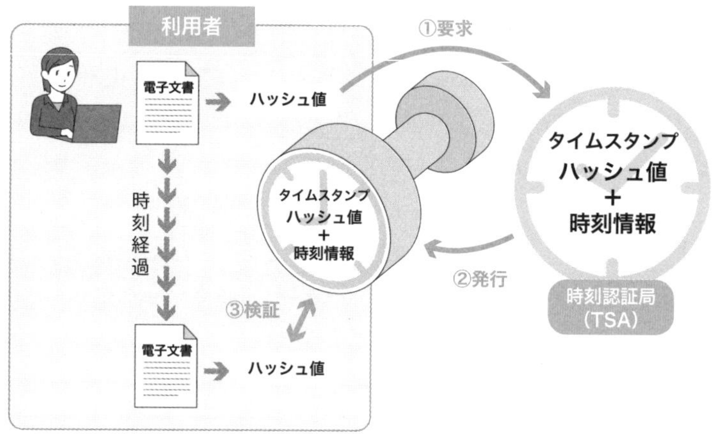

出典：https://www.soumu.go.jp/main_sosiki/joho_tsusin/security/basic/structure/05.htm

タイムスタンプは以下の手順で作成されます。

①電子データのハッシュ値を計算し、第三者機関である時刻認証局（TSA）に送信する
②時刻認証局（TSA）から、その時点での日付・時刻情報が提供される
日付・時刻情報をハッシュ値とともに電子署名にまとめたうえで作成者が保管する
③ある文書が改ざんされたものでないことを確認するにはその文書のハッシュ値をタイムスタンプのハッシュ値と比較します。ハッシュ値が一致すれば、その文書は改ざんされておらず、タイムスタンプの付された時刻から存在していたことが分かります。

※電子帳簿保存法におけるタイムスタンプ
　電子帳簿保存法におけるタイムスタンプは、総務大臣が認定する業務に係るタイムスタンプを付与する必要があります(令和5(2023)年7月29日までは、一般財団法人日本データ通信協会が認定する業務に係るタイムスタンプの付与も経過措置として認められます)。
　上記の「総務大臣が認定する業務」「一般財団法人日本データ通信協会が認定する業務」とは、時刻認証業務のことです。
　認定事業者については、総務省ホームページ(https://www.soumu.go.jp/main_sosiki/joho_tsusin/top/ninshou-law/timestamp.html)、一般財団法人日本データ通信協会ホームページ(https://www.dekyo.or.jp/tb/contents/list/)を参照してください。

POINT

ハッシュ値とは

　タイムスタンプでなぜ改ざんを防止できるのかを理解するには、ハッシュ値の性質を知ることが不可欠です。
ハッシュ値とは、元データからハッシュ関数と呼ばれる計算手順により求められた、固定の桁数の値のことです。ハッシュ関数によってデータを変換すれば、決まった長さの文字列に変換することができます。

図2.14　ハッシュ値の計算

以下のデータのハッシュ値を求めます。

元のデータ

河西,将之,379-0115,群馬県,安中市,中宿0-0-0,男,53,000-0000-0000

ハッシュ値

179bccc4f126f698e7082ee2a27ac36d

　ハッシュ値の大きな特徴は、元のデータがほんの少しでも変われば、計算されるハッシュ値が全く異なってしまうという点です。

図2.15 データが変わった場合のハッシュ値の計算

以下のデータのハッシュ値を求めます。

元のデータ

河西,将之,379-0115,群馬県,安中市,中宿0-0-0,男,53,000-0000-0000

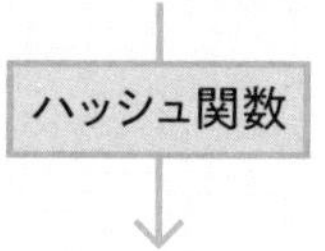

ハッシュ値

179bccc4f126f698e7082ee2a27ac36d

一部変更したデータ

河西,将之,379-0115,群馬県,安中市,中宿0-0-0,男,53,000-0000-000**1**

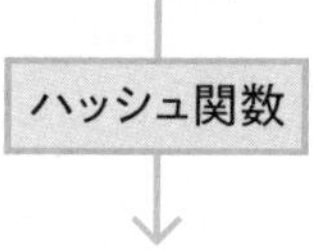

ハッシュ値

84d03cbf159c26e57499679e4e942e6d

上記の例の元データは"河西,将之,379-0115,群馬県,安中市,中宿0-0-0,男,53,000-0000-0000"です。このデータをハッシュ関数でハッシュ値を求めると"179bccc4f126f698e7082ee2a27ac36d"
になります。

次に、最後の"0"だけを"1"にした"河西,将之,379-0115,群馬県,安中市,中宿0-0-0,男,53,000-0000-0001"のハッシュ値を求めると"84d03cbf159c26e57499679e4e942e6d"と全く異なった値になっていることが分かります。

このように元の電子データの一文字でも内容が違うと、生成されるハッシュ値は全く異なるものになることがわかります。

この性質を利用して、元データのハッシュ値と照らし合わせることで、完全に元のデータと同一であることが確認できます。

2-5

改ざん防止として、必要とされる措置は？

メールを保存するだけでも大丈夫か？

- 改ざんを防止するため、以下の❶～❹のいずれかを行う必要があります。
- ❶タイムスタンプを付した後に受け渡しを行う
- ❷授受の後、速やかにタイムスタンプを付す
- ❸データの訂正削除を行った場合、訂正削除の記録が残るシステム、またはデータの訂正削除を行う事の出来ないシステムを利用して、データの受渡と保存を行う
- ❹訂正削除の防止について事務処理規程を備えつける

電子データは目に見えませんから、改ざんされて、元のデータと変わってしまってもわからないんじゃないですか。

改ざんされていないことを証明するタイムスタンプという技術があるんだ。また、後からデータを追加、削除できないシステムを使ったり、改ざんを防止する手続を決めたりすれば、改ざんは簡単にできなくなるよ。

データの真実性確保

真実性とは、その記録が改ざんなどされていない本物という確認ができることです。特に記録やデータについての真実性という場合は、作成者や送信者に偽りや誤りがなく、作成や送信が行われた後、システムの誤作動や何者かの悪意ある操作などで内容に消去、改ざん、すり替えなどが行われていない状態を指します。

電子取引の取引情報を電子データとして保存するには、そのデータが本物であることを保証するため、改ざん防止手続きを行う必要があります。

電子帳簿保存法では、下記の❶～❹、いずれかの改ざん防止手続を行

わなければならないとしています。

タイムスタンプについては、2-4節のコラムを参照してください。この節では❸❹について、説明します。

❶タイムスタンプを付した後に受け渡しを行う
❷授受の後、速やかにタイムスタンプを付す
❸データの訂正削除を行った場合、訂正削除の記録が残るシステム、またはデータの訂正削除を行う事の出来ないシステムを利用して、データの受渡と保存を行う
❹訂正削除の防止について事務処理規程を備えつける

複数の改ざん防止措置が混在することは認められるか

上記の改ざん防止措置は、保存義務者が自由に選択することが可能です。電子取引の内容によって、受け渡しするデータには様々のものがあるため、データの種類によって、異なった改ざん防止措置を使い分けることは認められています。

また、電子データの保存場所についても、取引の相手先によってデータの受渡を行うシステムが異なっていることが考えられるため、データの受渡の方法に応じて、保存場所が複数のシステムに分かれることも認められます。

一方、合理的な理由もなく、保存先をバラバラにし、検索、整然とした形式及び明瞭な状態で出力できない場合は、その保存方法は認められないものになります。

訂正又は削除の履歴の確保の要件を満たしているのは、どのようなシステムか

訂正又は削除の履歴の確保の要件を満たしているシステムとして、国税庁が公表している「電子帳簿保存法一問一答(電子取引関係)」では、以下の2つが例示されています。

❶ 電子データの記録事項に係る訂正・削除について、物理的にできない仕様となっているシステム
❷ 電子データの記録事項を直接に訂正又は削除を行った場合、訂正・削除の内容について、記録・保存を行い、事後に検索・閲覧・出力ができるシステム

また、クラウドシステムとしては、「クラウド事業者が提供するクラウドサービスで取引情報がやりとり・保存され、利用者側では訂正削除できない、又は訂正削除の履歴が全て残るクラウドシステム」が、訂正又は削除の履歴の確保の要件を満たすものとして、例示されています。

電子メールで受領した領収書データなどを、訂正・削除の記録の残るシステムで保存すれば、改ざん防止の措置を講じていることになるか

「データの訂正削除を行った場合、訂正削除の記録が残るシステム、またはデータの訂正削除を行う事の出来ないシステム」は、電子データの保存を行うだけでなく、取引データの受渡もそのシステムで行うことを想定しています。

したがって、受領した電子データを訂正・削除の記録の残るシステムで保存するだけでは、改ざん防止の措置を講じていることにはなりません。訂正削除の防止について事務処理規程を制定し、遵守するなど、別途改ざん防止のための措置を講じることが必要です。

訂正削除を防止する事務処理規程を設ける場合

真実性を確保する手段として、正当な理由のない訂正削除を防止する事務処理規程を設ける方法も認められています。規程の整備については、事業規模を踏まえて個々に検討する必要があります。個人事業者であっても、事務処理規程を設けて正当な理由のない訂正削除を防止する場合は、規定を作成する必要がある点に注意してください。

自ら作成した事務処理規程だけで、訂正削除を防止する場合は、以下の内容を含む必要があります。

❶データの訂正削除を原則禁止

❷事務処理の都合で、データを訂正削除する場合の事務処理手続(訂正削除日、訂正削除理由、訂正削除内容、処理担当者の氏名の記録と保存)

❸データ管理責任者と処理責任者の明確化

国税庁の公表している「電子帳簿保存法一問一答(電子取引関係)」では、法人と個人事業者、それぞれの事務処理規程を例示しています。以下にその内容を示します。

法人の例

電子取引データの訂正及び削除の防止に関する事務処理規程

第1章 総則

(目的)

第1条 この規程は、電子計算機を使用して作成する国税関係帳簿書類の保存方法の特例に関する法律第7条に定められた電子取引の取引情報に係る電磁的記録の保存義務を履行するため、○○において行った電子取引の取引情報に係る電磁的記録を適正に保存するために必要な事項を定め、これに基づき保存することを目的とする。

(適用範囲)

第2条 この規程は、○○の全ての役員及び従業員(契約社員、パートタイマー及び派遣社員を含む。以下同じ。)に対して適用する。

(管理責任者)

第3条 この規程の管理責任者は、○○とする。

第2章 電子取引データの取扱い

(電子取引の範囲)

第4条 当社における電子取引の範囲は以下に掲げる取引とする。

一 ＥＤＩ取引

二 電子メールを利用した請求書等の授受

三 △△(クラウドサービス)を利用した請求書等の授受

四・・・・・・

記載に当たってはその範囲を具体的に記載してください

(取引データの保存)

第5条 取引先から受領した取引関係情報及び取引相手に提供した取引関係情報のうち、第6条に定めるデータについては、保存サーバ内に△△年間保存する。

(対象となるデータ)

第6条 保存する取引関係情報は以下のとおりとする。

一 見積依頼情報

二 見積回答情報

三 確定注文情報

四 注文請け情報

五 納品情報

六 支払情報

七 △△

取引先等とデータでやりとりしたもののうち、取引情報(取引に関して受領し、又は交付する注文書、契約書、送り状、領収書、見積書その他これらに準ずる書類に通常記載される事項)が含まれるデータについては、全て要件に従ってデータのまま保存していただく必要がありますのでご注意ください。

(運用体制)

第7条 保存する取引関係情報の管理責任者及び処理責任者は以下のとおりとする。

一 管理責任者 ○○部△△課 課長 XXXX

二 処理責任者 ○○部△△課 係長 XXXX

(訂正削除の原則禁止)

第8条 保存する取引関係情報の内容について、訂正及び削除をすることは原則禁止とする。

(訂正削除を行う場合)

第9条 業務処理上やむを得ない理由によって保存する取引関係情報を訂正または削除する場合は、処理責任者は「取引情報訂正・削除申請書」に以下の内容を記載の上、管理責任者へ提出すること。

一 申請日

二 取引伝票番号

三 取引件名

四 取引先名

五 訂正・削除日付

六 訂正・削除内容

七 訂正・削除理由

八 処理担当者名

2 管理責任者は、「取引情報訂正・削除申請書」の提出を受けた場合は、正当な理由があると認める場合のみ承認する。

3 管理責任者は、前項において承認した場合は、処理責任者に対して取引関係情報の訂正及び削除を指示する。

4 処理責任者は、取引関係情報の訂正及び削除を行った場合は、当該取引関係情報に訂正・削除履歴がある旨の情報を付すとともに「取引情報訂正・削除完了報告書」を作成し、当該報告書を管理責任者に提出する。

5「取引情報訂正・削除申請書」及び「取引情報訂正・削除完了報告書」は、事後に訂正・削除履歴の確認作業が行えるよう整然とした形で、訂正・削除の対象となった取引データの保存期間が満了するまで保存する。

附則

（施行）

第10条 この規程は、令和○年○月○日から施行する。

出典：電子帳簿保存法一問一答（電子取引関係）Q28
https://www.nta.go.jp/law/joho-zeikaishaku/sonota/jirei/0021006-031.htm

個人事業者の例

電子取引データの訂正及び削除の防止に関する事務処理規程

この規程は、電子計算機を使用して作成する国税関係帳簿書類の保存方法の特例に関する法律第７条に定められた電子取引の取引情報に係る電磁的記録の保存義務を適正に履行するために必要な事項を定め、これに基づき保存することとする。

（訂正削除の原則禁止）

保存する取引関係情報の内容について、訂正及び削除をすることは原則禁止とする。

(訂正削除を行う場合)
業務処理上やむを得ない理由(正当な理由がある場合に限る。)によって保存する取引関係情報を訂正又は削除する場合は、「取引情報訂正・削除申請書」に以下の内容を記載の上、事後に訂正・削除履歴の確認作業が行えるよう整然とした形で、当該取引関係情報の保存期間に合わせて保存することをもって当該取引情報の訂正及び削除を行う。
一 申請日
二 取引伝票番号
三 取引件名
四 取引先名
五 訂正・削除日付
六 訂正・削除内容
七 訂正・削除理由
八 処理担当者名
この規程は、令和〇年〇月〇日から施行する。

出典：電子帳簿保存法一問一答(電子取引関係)Q28
https://www.nta.go.jp/law/joho-zeikaishaku/sonota/jirei/0021006-031.htm

また、近頃は、稟議・申請・承認において、業務を進める上での手順や順序を電子手続化したワークフロー機能を内蔵した業務ソフトが多く利用されています。この機能を利用して上記規定に沿った運用を行うことも認められています。

取引の相手との契約によって防止する場合

電子取引において、取引相手との契約でデータの訂正等を防止することも「正当な理由がない訂正及び削除の防止に関する事務処理の規程」を定める方法として認められます。この場合は、作成する事務処理規程に以下の内容を含む必要があります。

❶取引相手とデータ訂正等の防止に関する条項を含む契約を行う
❷サービスを利用する前に上記契約を行う
❸電子取引の種類を問わない

図2.16 契約によって防止する場合

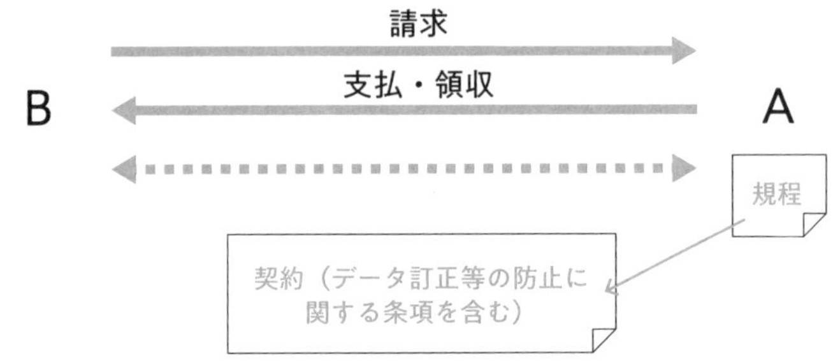

出典：電子帳簿保存法一問一答(電子取引関係)Q29

「サービス提供者との契約によるデータ訂正等の防止」は改ざん防止措置として認められるか？

例）

B社はA社から電子取引の取引情報のデータ保存サービスの提供を受け、このサービス利用者B社C社間の電子取引の取引情報は、このデータ保存サービスにおいて保存される。

データ保存サービス利用者B社、C社は、データ保存サービス提供者A社と契約し、データ保存サービスの利用規約に定めるデータ訂正等の防止に関する条項に基づいてデータの訂正削除を行う。

図2.17 利用サービス

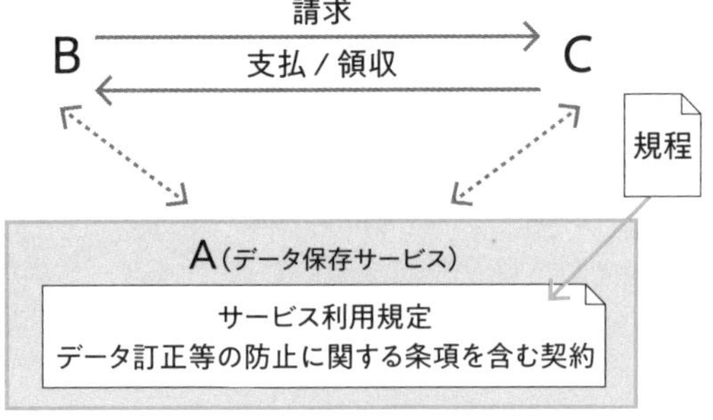

出典：電子帳簿保存法一問一答(電子取引関係)Q29

データ保存サービス利用者B社、C社間にデータ訂正等の防止に関する契約がなくても、データ保存サービス利用者が、それぞれデータ訂正等の防止に関する契約をデータ保存サービス提供者A社と行っていれば、同サービス利用者間で共通のデータ訂正等の防止に関する手続が担保されます。このようにデータ保存サービス提供者との契約によって防止する方法も、「正当な理由がない訂正及び削除の防止に関する事務処理の規程」を定める方法として認められています。

各利用者が定める規程には、❶〜❸の内容を含むことが想定されます。

❶ データ保存サービス提供者とデータ訂正等の防止に関する条項を含む契約を行う
❷ サービスを利用する前に上記契約を行う
❸ 電子取引の種類を問わない

データの真実性を確保するために、改ざん防止手続のどれかを選択するのは難しい問題ですね。改ざん防止に費用がかかりすぎたら、本末転倒なので、システム部長とも相談して、できるだけ簡単な方法を選びたいと思います。

2-6

電子取引の電子データを保存するにはどんな点に注意すればいいか

単純に日付データを加えれば大丈夫か？

電子取引の種類としては下記のものがあります。それぞれ保存方法について、留意してください。

(1) 電子メールにより請求書や領収書等のデータ(PDFファイル等)を受領
(2) 発行者のウェブサイトで領収書等をダウンロードする
(3) 電子請求書や電子領収書の受渡しにクラウドサービスを利用
(4) クレジットカードの利用明細データ、交通系ICカードによる支払データ、スマートフォンアプリによる決済データ等を活用したクラウドサービスを利用
(5) 特定の取引にEDIシステムを利用
(6) ペーパーレス化されたFAX機能を持つ複合機を利用
(7) 請求書や領収書等のデータをDVD等の記録媒体を介して受領

電子取引に該当する取引にはいろいろなものがあることが分かりました。電子取引の種類によって、注意しなければならないことはあるんですか。

特定の種類によって、注意すべき点が違うから、この機会に整理しておこう。

代表的な電子取引

電子取引にはさまざまな態様があり、代表的なものは以下のようになります。

図2.18 電子取引の例(2-2節、図2.1再掲)

(1)	電子メールにより請求書や領収書等のデータ(PDFファイル等)を受領
(2)	発行者のウェブサイトで領収書等をダウンロードする
(3)	電子請求書や電子領収書の受渡しにクラウドサービスを利用
(4)	クレジットカードの利用明細データ、交通系ICカードによる支払データ、スマートフォンアプリによる決済データ等を活用したクラウドサービスを利用
(5)	特定の取引にEDIシステムを利用
(6)	ペーパーレス化されたFAX機能を持つ複合機を利用
(7)	請求書や領収書等のデータをDVD等の記録媒体を介して受領

代表的な電子取引について、留意すべき点をまとめます。

(1) 電子メールにより請求書や領収書等のデータ(PDFファイル等)を受領

電子メールにより請求書や領収書等のデータ(PDFファイル等)を受け渡しする取引は電子取引に該当します。この場合、保存が必要になるのは取引情報を含む電子メールであり、取引情報の含まれない電子メールを保存する必要はありません。

具体的には、電子メール本文に取引情報が記載されている場合、この電子メールを保存する必要があります。一方、取引情報(領収書等)を電子メールの添付ファイルとして受け渡しした場合は、以下の2つの保存方法が認められます。

①請求書等が添付された電子メールそのものをサーバ等、自社システムに保存する
②添付された請求書等をサーバ等に保存する

図2.19 (1) 電子メールにより請求書や領収書等のデータ(PDFファイル等)を受領

① 請求書等が添付された電子メールそのものをサーバ等、自社システムに保存する

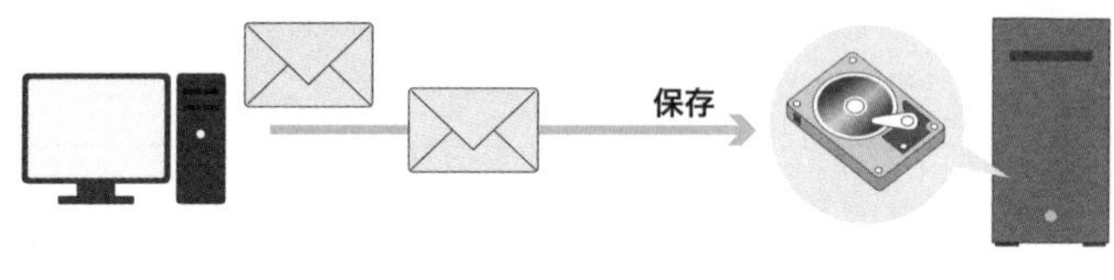

② 添付された請求書等をサーバ等に保存する

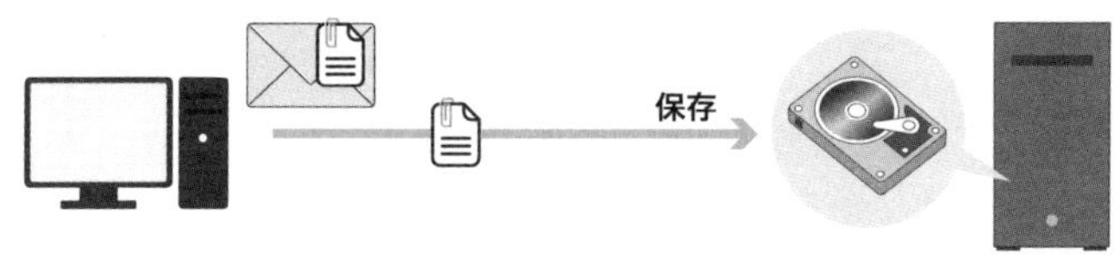

電子データの保存は、相手方とやり取りしたデータそのものを保存しなければならないとするものではありません。②の場合、パスワードが付与されているデータのパスワードを解除してから保存することやエクセルやワードのファイル形式で受領したデータをPDFファイルに変換して保存することは取引内容が変更されるおそれのない合理的な方法により編集したものとして、認められます。

また、自社が発行した請求書データについて、記載内容が、送信データの元となる請求者等情報データベースから自動的に出力される場合など、取引情報について改ざんされるおそれがなく、合理的な方法により編集され、保存されたものであることが確認できるのであれば、データベースにおける保存でも問題ありません。

図2.20　データベースにおける保存

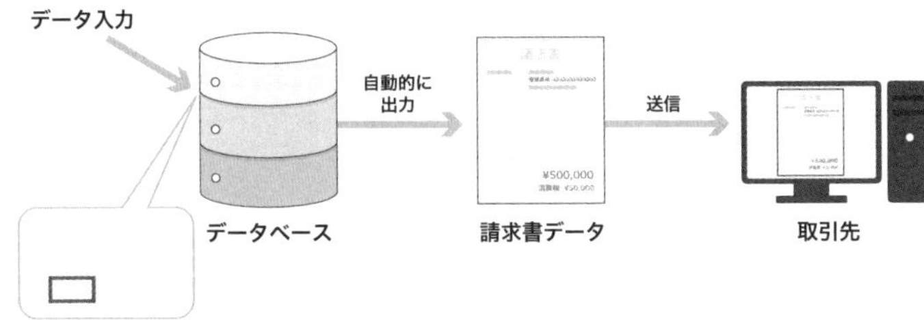

以下の条件を両方満たしていれば、データベースにおける保存でもよい
1) 取引情報について改ざんされるおそれがない
2) 合理的な方法により編集され、保存されたものであることが確認できる

(1)については、受領者側でデータの訂正削除が可能と考えられます。データ保存に当たり、改ざん防止として、受領したデータにタイムスタンプの付与が行われていない場合は受領者側でタイムスタンプを行うか、事務処理規程に基づいて電子データを管理することが必要です。

(2) 発行者のウェブサイトで領収書等をダウンロードする

発行者のウェブサイトで領収書等をダウンロードする場合には、①インターネットのホームページからダウンロードした請求書や領収書等のデータ(PDFファイル等)を利用する場合②ホームページ上にHTMLデータとして表示される請求書や領収書等を利用する場合の2通りがあります。

①について、電子取引の受け渡しがあったタイミングは、ホームページで領収書等のデータを確認できるようになった時点と考えます。そのため、仮にダウンロードしなかったとしても、電子データの保存義務は生じます。

①②について、それぞれ以下の保存方法が認められます。

①PDF等をダウンロードできる場合

(ⅰ)ウェブサイトに領収書等を保存する

(ⅱ)ウェブサイトから領収書等をダウンロードしてサーバ等に保存する

②ホームページ上にHTMLデータとして表示される請求書や領収書等を利用する場合

(i)ウェブサイト上に領収書を保存する

(ii)ウェブサイト上に表示される領収書をスクリーンショットし、サーバ等に保存する

(iii)ウェブサイト上に表示されたHTMLデータを領収書の形式に変換(PDF等)し、サーバ等に保存する

(2)の場合も、受領者側でデータの訂正削除が可能と考えられます。データ保存に当たり、(1)と同様に、改ざん防止として、受領したデータにタイムスタンプの付与が行われていない場合は受領者側でタイムスタンプを行うか、事務処理規程に基づいて電子データを管理することが必要です。

図2.21 (2) 発行者のウェブサイトで領収書等をダウンロードする

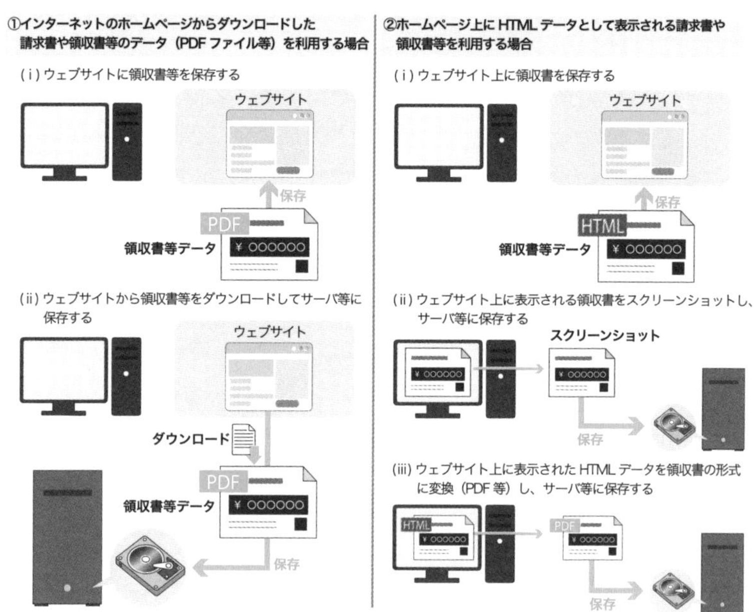

POINT

HTMLとは

HTMLはHyper Text Markup Languageの略でウェブページを作成するために開発された言語です。

現在、インターネット上で見られるWEBページのほとんどはHTMLで作成されています。HTMLは、プログラムを作成する言語ではありません。Web上で公開されているページのテキストやレイアウトなどの構造を定義する書式と考えていただけるとわかりやすいと思います。

図2.22　HTMLの例

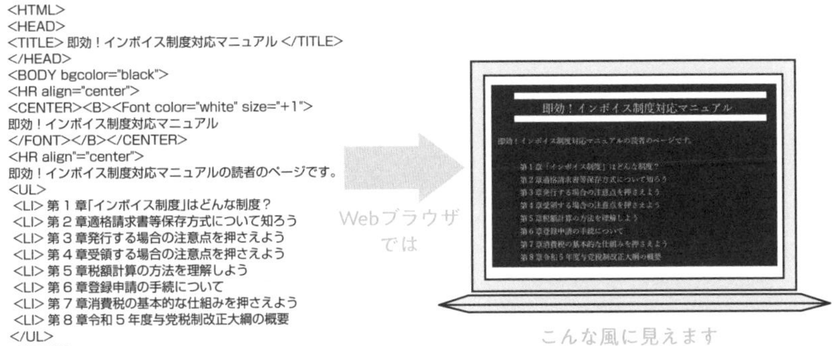

(3) 電子請求書や電子領収書の受渡しにクラウドサービスを利用

請求書等の受渡しにクラウドサービスを利用する場合、一方が請求書等のデータをクラウドサービスにアップロードし、そのデータを取引当事者双方で共有するものが一般的ですので、取引当事者双方でデータを共有するものも取引情報の受渡しにあたり、電子取引に該当します。

この場合、以下の保存方法が認められます。

①クラウドサービスに領収書等を保存する

②クラウドサービスから領収書等をダウンロードして、サーバ等に保存する

図2.23 (3) 電子請求書や電子領収書の受渡しにクラウドサービスを利用

①クラウドサービスに領収書等を保存する

②クラウドサービスから領収書等をダウンロードして、サーバ等に保存する

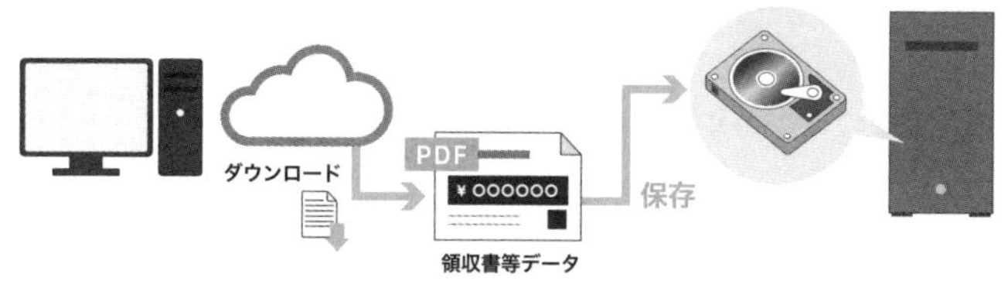

①②で保存するデータは、取引情報に関する文字の羅列であるXML形式等であっても、請求書等の様式や一覧表形式で表示することによって、視覚的に確認できるように出力されるものであれば、要件を満たすものとして、認められます。

①の場合、取引情報について、訂正削除の記録が残るシステム又は訂正削除ができないシステムを利用して電子データの受け渡しと保存を行っていれば、電子取引の保存に係る要件を満たすと考えられます。

一方、②の場合は、受領者側でデータの訂正削除が可能と考えられます。(1)(2)と同様に改ざん防止の手続を行う必要があります。

(4) クレジットカードの利用明細データ、交通系ICカードによる支払データ、スマートフォンアプリによる決済データ等を活用したクラウドサービスを利用

スマートフォンアプリを利用した場合でも、アプリ提供事業者から受領する利用明細の記載情報は、取引情報に該当します。取引情報の受け渡しを電子データで行っていますので、電子取引に該当します。

(4)については、(3)と同様に、取引情報について、訂正削除の記録が残るシステム又は訂正削除ができないシステムを利用して電子データの受

け渡しと保存を行っていれば、電子取引の保存に係る要件を満たすと考えられます。

一方、データをダウンロードして保存するようなシステムの場合、受領者側でデータの訂正削除が可能と考えられます。(1)(2)と同様に改ざん防止の手続を行う必要があります。

なお、パソコンやプリンタがなく、スマートフォンだけで取引を行っている場合は以下の対応が可能です。

スマートフォンで受け渡しした領収書等も電子取引の取引情報に該当します。そのため、スマートフォン内やクラウドに保存したデータに通し番号等を付して保存し、スマートフォンに内蔵されている表計算ソフト等で索引簿を作成し、検索機能を確保する必要があります。

また、「正当な理由がない訂正及び削除の防止に関する事務処理規程」を作成し、備え付ける必要があります。

一方、電子データの保存に使っているスマートフォンがあれば、取引内容の画面表示の要件は満たしていることになります。プリンタについては、常備しているプリンタがなくとも、近隣の有料プリンタなどによって、税務職員の求めに応じて速やかな出力ができれば、プリンタが常設されていないことだけで、保存要件違反として取り扱われることはありません。

⑸ 特定の取引にEDIシステムを利用

EDIシステムを利用する場合も、保存する電子データは、EDI取引で実際に受け渡ししたデータそのものに限定されていません。取引内容が変更されない合理的な方法で編集されたデータによる保存も認められます。

したがって、取引内容が変更されない合理的な方法で編集されたと認められるのであれば、EDI取引項目を他の保存システムに転送し、ⅰ)エクセル形式やPDFデータ等により保存すること、ⅱ)EDI取引においてデータをXML形式でやり取りしている場合、XML形式のデータを一覧表としてエクセル形式に変換して保存すること等、は認められます。

また、変換テーブルを使用し、相手方から受け取ったデータに記載されている各種コードを、自社のコードに変換して保存することも合理的な方法で編集されたデータによる保存として、認められます。

ただし、手作業による変換は誤りの生じる可能性があるため、認められません。また、相手から受領したデータに係るコードについて確認する必要もあるので、変換プロトコルも併せて保存する必要があります。

POINT

XML形式とは

XMLはeXtensible Markup Languageの略で文章の見た目や構造を記述するためのマークアップ言語のひとつです。

XMLは、タグを自由に設定でき、タグに意味付けもできるので、目で見てそのデータが何を意味するのかがすぐに分かります。また、設定したタグでデータを追加でき、変更も簡単にできるため、拡張性があります。

図2.24 XMLの例

```
< 領収書 >
  < 商品 >
    < 商品番号 >23938</ 商品番号 >
    < 商品名 >S 社電卓 </ 商品名 >
    < 定価 >2800</ 定価 >
  </ 商品 >
</ 領収書 >
```

"<"と">"で挟まれている部分がタグです。
開始タグ"<>"と終了タグ"</>"をセットで使用します。

⑹ ペーパーレス化されたFAX機能を持つ複合機を利用 / ⑺ 請求書や領収書等のデータをDVD等の記録媒体を介して受領

⑹について、FAXでの取引情報の受渡は、送信側が書面を読み取って送信し、受信側が受信した電子データを書面で出力する場合、書面による取引であり、電子取引には該当しないとされます。一方、ペーパーレスＦＡＸ等を含む複合機等のファクシミリ機能を使って、電子データを送受信し、電子データを保存する場合は、電子取引に該当します。

(6)(7)についても、受領者側でデータの訂正削除が可能と考えられます。

データ保存に当たり、改ざん防止として、受領したデータにタイムスタンプの付与が行われていない場合は受領者側でタイムスタンプを行うか、事務処理規程に基づいて電子データを管理することが必要です。

電子取引の種類がどんなものであっても、保存しているデータが本物であることが一番大事という事ですね。

2-7

どんな場合、重加算税の加重対象となるのか

データを失った場合、対象になるのか

- 以下の場合は、重加算税の加重対象になります。
- ❶保存義務者が電子データを直接改ざんなどした場合
- ❷紙段階で不正のあった請求書等(作成段階で不正のあった電子取引の取引情報に係る電子データを含む)
- ❸通謀等によって、相手方から受領した架空の請求書等を電子データで保存している場合
- ❹通謀等によって、相手方から受領した架空の電子取引の取引情報による電子データを保存している場合

あまり褒められた話ではないかもしれませんが、どうしても違反した場合の罰則が気になります。どんな場合に重加算税の加重対象になるんですか。

実務家としては当然だね。悪意がなければ、重加算税の対象になる場合はほとんどないはずだよ。

重加算税の加重対象

重加算税の加重措置の対象範囲については、取扱通達8-21に記載されています。

下記のように、電子取引により授受した取引データを削除、改ざんし、売上除外や経費の水増しした場合、保存された取引データの内容が事業実態を表していない場合(架空取引等)も重加算税の加重対象となります。下記の例は、電子取引に限定せず、電子帳簿保存法の違反すべてとしています。

❶保存義務者が電子データを直接改ざんなどした場合

保存義務者がPC等で電子データに加筆・修正した場合が該当します。

❷紙段階で不正のあった請求書等(作成段階で不正のあった電子取引の取引情報に係る電子データを含む)

作成段階で電子取引の取引情報に不正を行った場合、紙段階で不正のあった請求書等のスキャナ保存が該当します。

❸通謀などで、相手方から受領した架空の請求書等を電子データで保存している場合

通謀とは2人以上のものが、示し合わせることです。示し合わせて架空の請求書等を受領して、スキャナ保存した場合が該当します。

❹通謀などで、相手方から受領した架空の電子取引の取引情報による電子データを保存している場合

示し合わせて、受領した架空の電子取引の電子データを保存している場合が該当します。

所得税、法人税では、スキャナ保存の電子データ、電子取引の取引情報の電子データに改ざん等があったときには、重加算税が10%加重されます(1-5節を参照してください)。

また、消費税法令においても、保存することとされている電子データに関連して改ざん等の不正が把握された場合、同様に、重加算税が10%加重されます。(消費税法59の2)など、消費税法令において電子データに関する取扱いを個別に規定しているものもあります。

やむを得ない事情により、電子データの保存をすることができなかった場合の保存義務は?

災害その他やむを得ない事情で、電子データの保存ができなかったことを証明した場合でも、保存義務は免除されません。ただし、保存要件を満たさない保存であっても許容されます。

電子データを完全に消失した場合、保存義務違反は問われませんが、可能な範囲で合理的な方法(取引の相手先、金融機関等への取引内容の照会など)によって保存すべき取引情報を復元する必要があります。

やむを得ない事情が解消した後は、やむを得ない事情が発生する前と同じように電子データについて保存要件を備えた上で保存する必要がありますので注意が必要です。

図2.25 重加算税の加重対象

電子データを失うと復元が難しくなるので、バックアップデータについては、事前に考えておいた方がよさそうですね。

第3章 帳簿書類の電子データ化について知ろう

この章では、PC等を利用して作成する国税関係帳簿書類の電子データ保存について、説明します。

国税関係帳簿を電子データで保存する場合、電子帳簿保存法上の要件によって、一般電子帳簿と優良な電子帳簿に区分されます。優良な電子帳簿の要件を満たせば、過少申告加算税の軽減措置や青色申告特別控除額等の優遇措置を受けることができます。

また、国税関係帳簿書類はマイクロフィルムを用いて、保存することもできます。マイクロフィルムを用いた保存には、電子データでの保存と異なった要件が求められるため、1節を設け、詳しい解説を行っています。

この章の学習範囲

この章では、下記のハイライト部分を学習します。

<table>
<tr><th colspan="4">保存対象</th><th>保存方法</th><th>電子帳簿保存法上の区分</th></tr>
<tr><td colspan="3">国税関係帳簿</td><td>総勘定元帳
仕訳帳
現金出納帳
売掛金元帳　等</td><td rowspan="3">電子データで保存</td><td rowspan="3">❶電子帳簿等保存</td></tr>
<tr><td rowspan="3">国税関係書類</td><td colspan="2">決算関係書類</td><td>棚卸表
貸借対照表
損益計算書　等</td></tr>
<tr><td rowspan="2">取引関係書類</td><td>自己が発行</td><td>見積書控
契約書
請求書控
領収書控　等</td></tr>
<tr><td>相手から受領</td><td>見積書
契約書
請求書
領収書　等</td><td>スキャナ保存</td><td>❷スキャナ保存</td></tr>
<tr><td>電子取引</td><td colspan="2">Web上で確認
電子メールで受領
EDI</td><td>見積書
契約書
請求書
領収書　等</td><td>電子データで保存</td><td>❸電子取引</td></tr>
</table>

この章を読むポイント

1. この章では、国税関係帳簿と国税関係書類の電子データ保存について、説明します。説明している内容が、国税関係帳簿について説明しているのか、国税関係書類について説明しているのか、常に留意して読み進める必要があります。

2. 国税関係帳簿は、自分で「最初の記録段階から」一貫してPC等を使用して作成するものについて、電子データ等での保存が認められます。一方、国税関係書類は自分で一貫してPC等を使用して作成すれば、電子データ等での保存が認められます。両者の違いに留意してください。

3-1

PC等を利用して作成する帳簿について求められる要件は？

手書きで作成した国税関係帳簿は電子データで保存できるか

電子データで国税関係帳簿の保存が認められるには、次の要件を満たす必要があります。

❶正規の簿記の原則に基づいた記帳

❷記録段階から一貫してPC等を使用して作成

帳簿の保存について、質問ですが、手書きで帳簿を作成して、スキャンしたデータを保存することは認められるんですか。

帳簿の場合、最初の記録段階から、PCの会計ソフトなどを使って作ったもの以外は認められないんだ。

電子データでの保存が認められる国税関係帳簿と国税関係書類

電子データ等(後述する電子計算機出力マイクロフィルムでの保存を含みます)での保存が認められる国税関係帳簿は、正規の簿記の原則にしたがって記録し、自己が最初の記録段階から一貫してPC等を利用して作成することが前提になっています。

正規の簿記の原則にしたがって記録とは、一般的には複式簿記による記帳を指します。

「最初の記録段階から一貫してPC等を使用して作成」とは、取引記録の入力から帳簿の作成までに人の手が介在しない、つまり、取引記録を入力すれば、PC等の会計ソフトなどによって、自動で帳簿が作成されることを指します。

また、「自己が」とは、保存義務者自身が主体となって、帳簿を作成することですが、取引データの入力を保存義務者自身が行う必要はなく、委託した第3者によることも認められます。

このように、国税関係帳簿は、自分で最初の記録段階から一貫してPC等を使用して作成するものについて、電子データ等での保存が認められます。そのため、**手書きで作成した国税関係帳簿について、電子データ等での保存は認められません。**

一方、国税関係書類は自分で一貫してPC等を使用して作成するもの以外であっても、書面で作成したもの、書面で受領したものをスキャンした電子データで保存すること認められます(スキャナ保存については第4章を参照してください)。

どんな条件を満たせば電子データでの国税関係帳簿の保存が認められるか

電子データで国税関係帳簿の保存が認められるには、上記の前提に加えて、次の要件を満たす必要があります。下記の条件を満たす電子帳簿を「一般電子帳簿」といいます。それぞれの要件について、以下に説明します。

1. 関係書類等の備え付け
2. 見読可能性の確保
3. 税務調査でのダウンロードの求め

1. 関係書類等の備え付け

関係書類の備え付けとは、利用するシステムの概要書その他一定の書類を備え付けることです。備え付けの必要な書類は以下の4つになります。

①システム概要書等

システム全体の構成と各システム間のデータの流れなど、PC等で国税関係帳簿書類をどのように作成するのか、処理過程をまとめて記載した書類のことです。具体的には、システム基本設計書、システム概要書、フロー図、システム変更履歴書などの書類が該当します。

②システム仕様書等

システムの開発に際して作成した書類のことです。具体的には、システム仕様書、システム設計書、ファイル定義書、プログラム仕様書、プログラムリストなどの書類が該当します。

③操作マニュアル等

入出力の操作方法など具体的な操作方法を記載した書類のことです。具体的には、操作マニュアル、運用マニュアルなどの書類が該当します。

④事務手続きに関する書類

1)入出力処理の手順、2)日程と担当部署、3)電子データの保存等の手順と担当部署などを明らかにした書類のことです。具体的には、下記の内容を記載した社内規程、運用マニュアル等が必要になります。

国税関係帳簿に係る電子計算機処理に関する
事務手続を明らかにした書類(概要)

(入力担当者)

1 仕訳データ入出力は、所定の手続を経て承認された証票書類に基づき、入力担当者が行う。

(仕訳データの入出力処理の手順)

2 入力担当者は、次の期日までに仕訳データの入力を行う。

(1) 現金、預金、手形に関するもの 取引日の翌日(営業日)

(2) 売掛金に関するもの 請求書の発行日の翌日(営業日)

(3) 仕入、外注費に関するもの 検収日の翌日(営業日)

(4) その他の勘定科目に関するもの 取引に関する書類を確認してから1週間以内

(仕訳データの入力内容の確認)

3 入力担当者は、仕訳データを入力した日に入力内容の確認を行い、入力誤りがある場合は、これを速やかに訂正する。

（管理責任者の確認）
4 入力担当者は、業務終了時に入力データに関するデータをサーバに転送する。管理責任者はこのデータの確認を速やかに行う。

（管理責任者の確認後の訂正又は削除の処理）
5 管理責任者の確認後、仕訳データに誤り等を発見した場合には、入力担当者は、管理責任者の承認を得た上でその訂正又は削除の処理を行う。

（訂正又は削除記録の保存）
6 5の場合は、管理責任者は訂正又は削除の処理を承認した旨の記録を残す。

出典：電子帳簿保存法一問一答（電子計算機を使用して作成する帳簿書類関係）Q9
https://www.nta.go.jp/law/joho-zeikaishaku/sonota/jirei/0021006-031.htm

他社が開発したプログラムを利用する場合は①②の書類の備え付けは不要です。また、他社が開発したプログラムを利用し、事務処理を外部に委託している場合は③も備え付けが不要になります。ただし、保存義務者が、システム開発業者に委託して開発したものは、自社開発と同じ扱いになりますので注意してください。

図3.1 関係書類等の備え付けの要否

関係書類	自社開発	他社開発 事務処理外部委託なし	他社開発 事務処理外部委託あり
①システム概要書	○	×	×
②システム仕様書	○	×	×
③操作マニュアル	○	○	×
④事務手続きに関する書類	○	○	○

○ 備え付けが必要 × 備え付けが不要

図3.2　関係書類等の備え付け

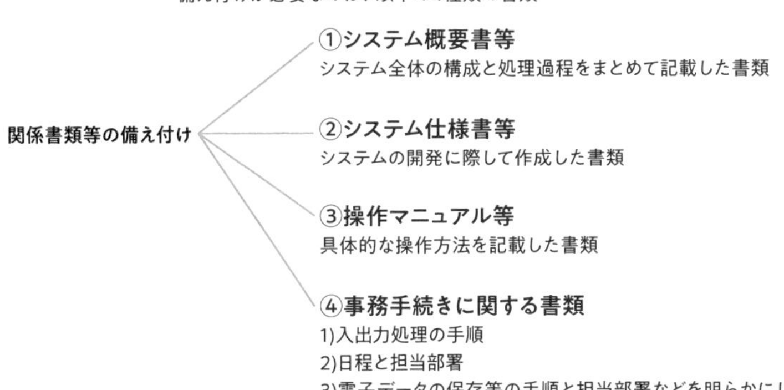

上記の書類は、書面以外の方法により備え付けることができます。たとえば、オンラインマニュアルやオンラインヘルプ機能に操作マニュアルと同等の内容が記載されている場合、整然とした形式、明瞭な状態で画面と書面に速やかに出力することができれば、操作マニュアルが備え付けられているものと認められます。

2．見読可能性の確保

電子データは、肉眼で確認するためには、ディスプレイ等に出力しなければなりません。

そのために、国税関係帳簿の電子データを保存する場所にPC等、プログラム、ディスプレイ、プリンタとその操作説明書を備えつけて、電子データをディスプレイと書面に整然とした形式、明瞭な状態で、速やかに出力できるようにする必要があります。

(見読可能性確保の要件は電子取引と同じですので、2−3節(1)②を参照してください)

3．税務調査でのダウンロードの求め

税務職員による質問検査権に基づくダウンロードに応じることができることが求められています。「ダウンロードに応じること」とは、当該職員の求めの全てに応じた場合をさし、その求めに一部でも応じない場合、この

規定の適用は受けられません。

「税務職員による質問検査権に基づくダウンロードに応じることができる」とは、「税務署職員が要求する電子データを短時間で提供できる」という意味です。

この条件を満たすには、保存している電子データを、CSV形式など通常出力できると考えられるファイル形式等で提供する必要があります。

税務職員が出力可能な形式を指定して、電子データの提供を要求したにもかかわらず、検索性等に劣るそれ以外の形式で提出された場合には、要求する電子データを提供できないことになります。

また、税務署職員が要求する電子データを短時間で提供できるようにしておく場合について、電子データを保存した記憶媒体の提示・提出は含まれていませんが、その記憶媒体が、税務調査の確認対象となる場合もあります。

保存義務者が、次節で説明する「優良な電子帳簿」の要件にしたがって、電子データの備え付けと保存を行っている場合、「ダウンロードに応じること」は、要件から除かれます。

システムの変更があった場合

電子データでの保存等を行っている者が、国税関係帳簿の作成に使用するシステムを入替えたり、一部のシステムを変更した場合、システム開発やデータ変換などを行い、変更前のシステムの電子データを新システムでも対応可能にする必要があります。新システムで対応可能にすることができない場合、変更前のシステムを残すことも当然認められます。

上記の対応で、変更前のシステムの電子データを要件に従って保存することが困難な場合は、変更前のシステムの電子データを書面に出力し保存等を行い、新しいシステムの電子データから保存を行うこともできます。

ただし、次節で説明する過少申告加算税の軽減措置を受けようとする保存義務者が、変更前のシステムデータを書面に出力し保存等を行った場合、続けて要件を満たしていないので、過少申告加算税の軽減措置は受けられません。

国税関係書類の保存

国税関係書類は決算関係書類(貸借対照表、損益計算書、棚卸表等)、取引関係書類(見積書控、契約書、請求書控、領収書控等)をいいます。

自己が一貫してPC等を利用して作成した国税関係書類は、一定の要件(下記)を満たせば、電子データで保存することができます。

1．関係書類等の備え付け
2．見読可能性の確保
3．税務調査時でのダウンロードの求め

国税関係書類の保存に必要とされる要件は、前述した一般帳簿と同じです。ただし、保存義務者が検索機能として、1)取引年月日その他の日付を検索条件として設定すること、2)範囲を指定して条件を設定することのできる機能を確保している場合、(3)の税務調査でのダウンロードの求めに応じる要件は除かれます。これは、電子データ化された書類の内容について検索できれば、調査官が自ら対象データを特定することができるためと想定されます。

国税関係帳簿は、自己が「最初の記録段階から」一貫してPC等を利用して作成することが前提になっていますが、国税関係書類は、「最初の記録段階から」という条件は求められていません。書類は帳簿のように、記録を合算していく過程が存在しないためと考えられます。

また、PC等を使って作成した国税関係書類を印刷し、手書きで新しい情報を付加した場合、一貫してPC等を使用して作成したものではないので、その書類は、書面で保存する必要があります。

自社開発のプログラムを使って電子帳簿を作成すると、備え付けなければならない書類も多くなるんですね。

3-2

優良な電子帳簿の要件を満たすのは?

訂正または削除の記録を残せなければ、要件を満たせないのか

優良な電子帳簿として、認められるには、一般電子帳簿の要件に加えて、次の要件を満たす必要があります。

1. 訂正・削除履歴の確保
   訂正や削除を行うと記録が残る
2. 相互関連性の確認
   保存された帳簿の記録事項について、他の帳簿の記録事項との関連性を確認できる
3. データ検索機能の確保
   一定の検索機能を確保する必要がある

優良な電子帳簿であれば、過少申告加算税の軽減措置を受けることができるんですよね。今までの一般電子帳簿とどこが違うんですか。

まず、訂正・削除を行ったら、それが確認できる。次に帳簿間の数字の連携が確認できる。あと、検索できることが必要だね。

一般電子帳簿と優良な電子帳簿

電子帳簿による電子データの保存を促進するため、令和3(2021)年税制改正によって、「優良な電子帳簿」を備え付けて電子データで保存している事業者に優遇措置が認められるようになりました。過少申告加算税の軽減措置や青色申告特別控除額等の優遇措置については3-4節で説明します。

「優良な電子帳簿」として求められる要件は以下の３つです。それぞれの要件について、以下で詳しく説明します。

1. 訂正・削除履歴の確保
2. 相互関連性の確認
3. データ検索機能の確保

1．訂正・削除履歴の確保

訂正・削除履歴の確保とは、次の2つの要件を満たすことをいいます。

①電子データの記録事項について訂正又は削除を行った場合に、これらの事実及び内容を確認することができる

例として、以下の(ⅰ)(ⅱ)のようなシステムであれば、上記の要件①を満たすことになります。

(ⅰ)電子データの記録事項を直接に訂正、削除できるが、訂正前・削除前の記録事項と訂正・削除の内容が「元の電子データ」、または「別の電子データ」に自動的に記録されるシステム

図3.3　訂正・削除履歴の確保(ⅰ)

訂正・削除履歴のイメージ

230,000円を260,000円に訂正する

元データ

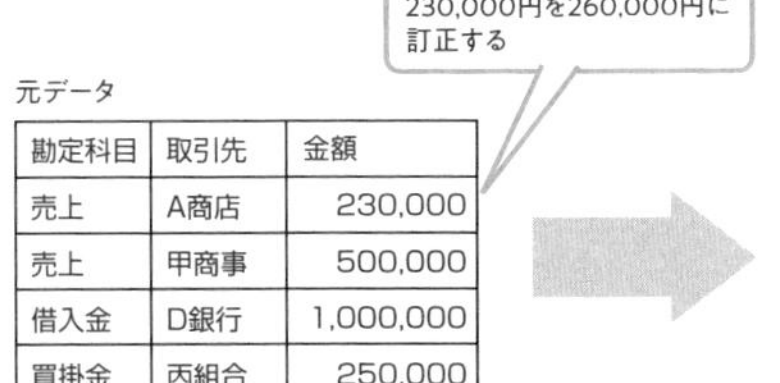

勘定科目	取引先	金額
売上	A商店	230,000
売上	甲商事	500,000
借入金	D銀行	1,000,000
買掛金	丙組合	250,000

訂正後データ

勘定科目	取引先	金額
売上	A商店	~~230,000~~ ←訂正前の記録事項 260,000 ←訂正後の内容
売上	甲商事	500,000
借入金	D銀行	1,000,000
買掛金	丙組合	250,000

訂正・削除の内容が「元の電子データ」に自動的に記録される

230,000円を260,000円に訂正する

元データ

勘定科目	取引先	金額
売上	A商店	230,000
売上	甲商事	500,000
借入金	D銀行	1,000,000
買掛金	丙組合	250,000

元データ

勘定科目	取引先	金額
売上	A商店	260,000
売上	甲商事	500,000
借入金	D銀行	1,000,000
買掛金	丙組合	250,000

訂正履歴データ

勘定科目	取引先	金額
売上	A商店	~~230,000~~ ←訂正前の記録事項 ↓ 260,000 ←訂正後の内容

訂正・削除の内容が「別の電子データ」に自動的に記録される

（ⅱ）電子データの記録事項を直接に訂正、削除できないシステムを使って、記録事項を訂正・削除するのに、直接に訂正・削除した場合と同じになる新しい記録事項（反対仕訳）を記録する方法

図3.4　訂正・削除履歴の確保（ⅱ）

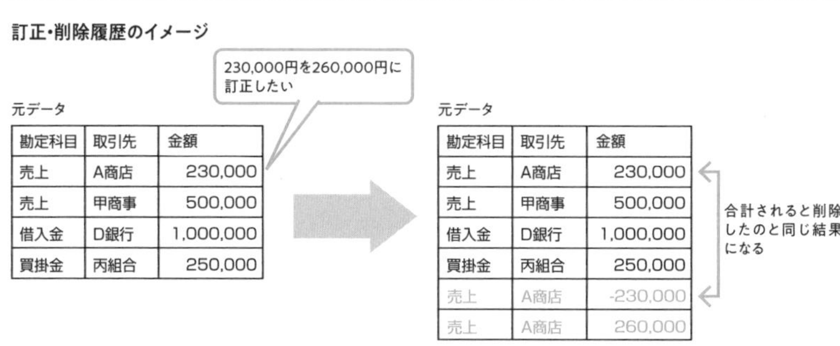

②電子データの入力をその業務の処理に係る通常の期間を経過した後に行った場合、その事実を確認できる

例として、下記(ⅲ)のシステムであれば、上記の要件②を満たすことになります。

（ⅲ）国税関係帳簿に係る電子データの記録事項の入力時に、個々の記録事項に入力日又は一連番号等が自動的に付され、それを訂正・削除することができないシステム

企業においては、データ入力や入力データの更新・確定処理などを決まった業務処理サイクルで行うことが通例です。適正な入力を担保するために、その業務処理サイクルも事務処理規程等で定まっている場合がほとんどです。

②の「その業務の処理に係る通常の期間」は、企業が業務処理サイクルとしてデータの入出力を行う日次、週次及び月次の期間のことをいいます。この業務処理サイクルは1年分をまとめて、課税期間終了後に記録するという事を想定したものではありません。外部委託など、業務処理サイク

ルが長い期間になる場合もあるので、最長2か月までは、通常の期間として取り扱われます。

また、入力日付をデータとしては持たない場合でも、月次決算を行い、帳簿の電子データを月次決算単位でファイルに保存し、単位ごとにディスプレイの画面と書面に出力することができ、入力月と入力された取引年月日の関係から追加入力の事実が確認できる場合、追加入力の履歴の確保の要件を満たしているとされます。

例）

A社は月次決算を行い、帳簿の電子データを月次決算単位でファイルに保存しています（月次データは、ディスプレイの画面と書面に出力することができます）。経費の精算について、締め日を翌月10営業日までとして、締め日以後の申請は翌月分の経費として、会計ソフトに入力します。

この場合、入力日付をデータとして持たなくても、取引年月日を必ず電子帳簿に入力していれば、入力月と入力された取引年月日の関係から追加入力の事実が確認できるため、追加入力の履歴の確保の要件を満たしていると考えられます。

訂正・削除の履歴を残さないシステムは全く使用できないか

電子データの訂正削除の履歴は、その全てについて残されることが望まれます。一方、入力後すぐに入力内容を確認し、誤りがあれば、訂正又・削除をすることも一般的です。訂正・削除について、履歴すべての保存を求めるのは、現状の利用状況に合わないと考えられます。

そのため、**入力誤りについて訂正・削除を行う期間があらかじめ内部規程等に定められており、その期間が入力した日から1週間を超えない場合、その期間について訂正・削除の履歴を残さないシステムを使用することが認められます。**

一定の期間について訂正削除履歴を残さないシステムは、訂正・削除する方法によって、以下の(ⅳ)(ⅴ)が考えられます。

(ⅳ)記録事項を直接に訂正・削除する方法

電子データの当初の入力日から訂正・削除のできる期間を自動的に判定し、当該期間内における訂正・削除について履歴を残さないシステム

(ⅴ)反対仕訳により訂正・削除する方法

電子データの当初の入力日から訂正・削除のできる期間を自動的に判定し、当該期間が経過するまでは記録事項を直接に訂正し又は削除することができる。一方、その期間が経過した後は、反対仕訳以外では記録事項を訂正・削除できないシステム

2. 相互関連性の確認

電子データとして保存された帳簿の記録事項について、他の帳簿の記録事項との関連性を確認できることが必要です。

具体的には、次の場合が該当します。

⑴ 一方の帳簿の記録事項を他の帳簿に個別転記する場合、一連番号等の情報を両方の帳簿に記録している場合

⑵ 一方の帳簿の記録事項を集計して他の帳簿に転記する場合、一方の帳簿の「どの記録事項を集計したのかわかる情報」を記録事項として記録している場合

図3.5　1. 明細データで記録する場合

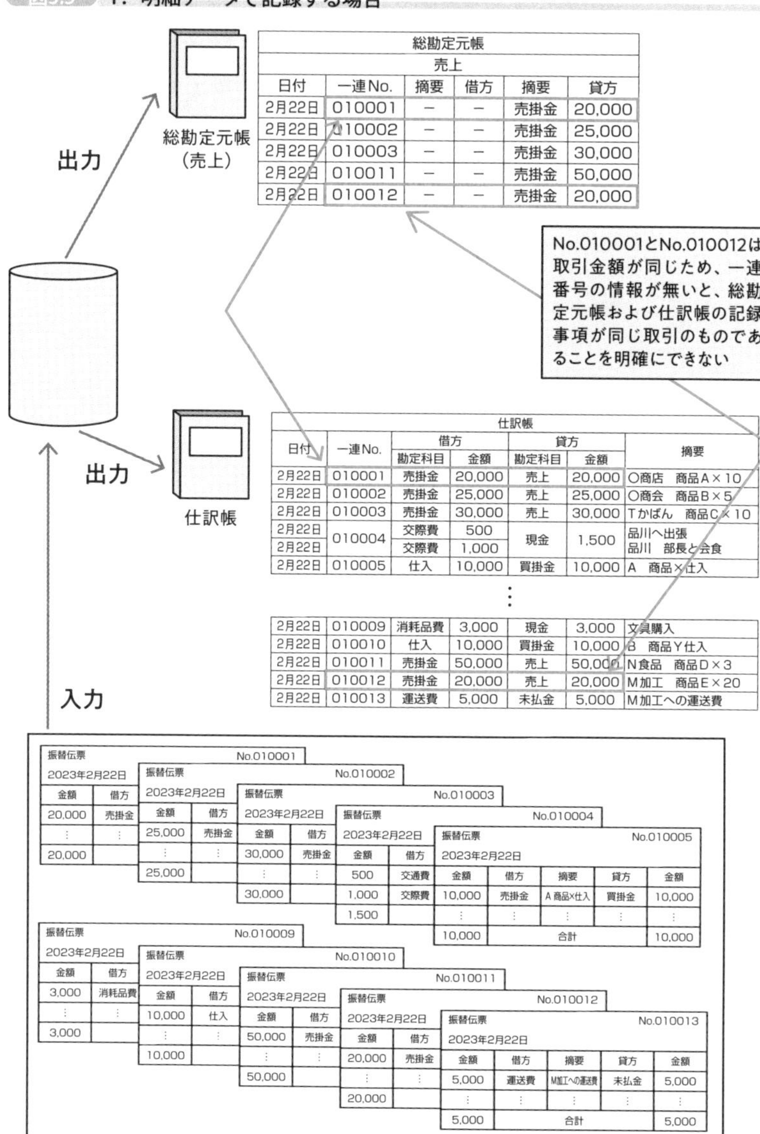

総勘定元帳　売上

日付	一連No.	摘要	借方	摘要	貸方
2月22日	010001	−	−	売掛金	20,000
2月22日	010002	−	−	売掛金	25,000
2月22日	010003	−	−	売掛金	30,000
2月22日	010011	−	−	売掛金	50,000
2月22日	010012	−	−	売掛金	20,000

仕訳帳

日付	一連No.	借方 勘定科目	借方 金額	貸方 勘定科目	貸方 金額	摘要
2月22日	010001	売掛金	20,000	売上	20,000	O商店　商品A×10
2月22日	010002	売掛金	25,000	売上	25,000	O商会　商品B×5
2月22日	010003	売掛金	30,000	売上	30,000	Tかばん　商品C×10
2月22日	010004	交際費	500	現金	1,500	品川へ出張
2月22日		交際費	1,000			品川　部長と会食
2月22日	010005	仕入	10,000	買掛金	10,000	A　商品×仕入
⋮						
2月22日	010009	消耗品費	3,000	現金	3,000	文具購入
2月22日	010010	仕入	10,000	買掛金	10,000	B　商品Y仕入
2月22日	010011	売掛金	50,000	売上	50,000	N食品　商品D×3
2月22日	010012	売掛金	20,000	売上	20,000	M加工　商品E×20
2月22日	010013	運送費	5,000	未払金	5,000	M加工への運送費

出典：電子帳簿保存法一問一答（電子計算機を利用して作成する帳簿書類関係）Q31

図3.6 2．集計した結果を転記する場合

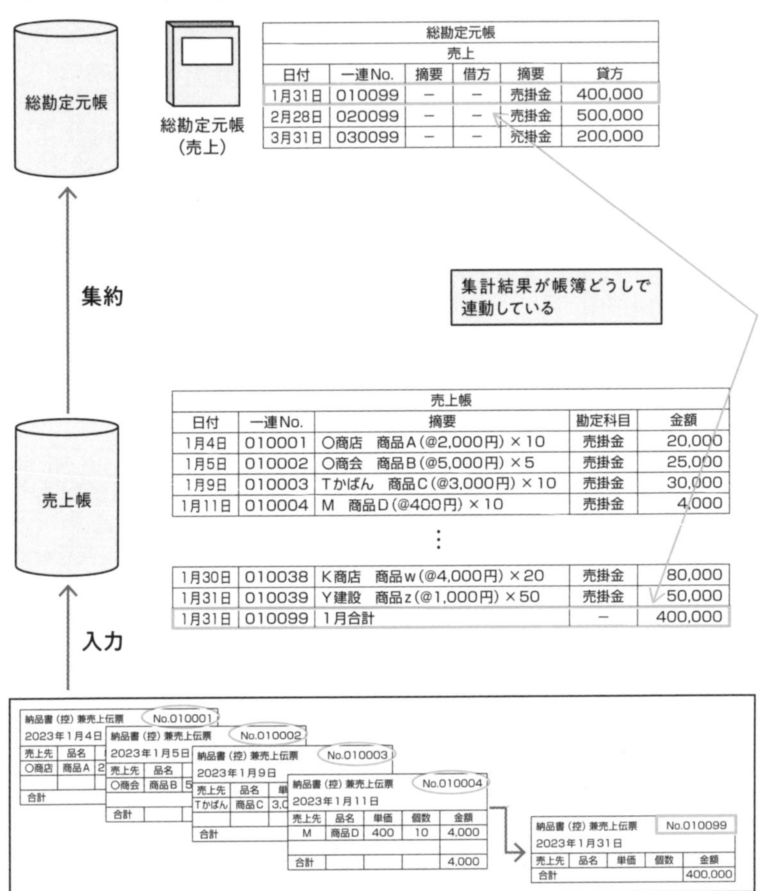

総勘定元帳					
売上					
日付	一連No.	摘要	借方	摘要	貸方
1月31日	010099	–	–	売掛金	400,000
2月28日	020099	–	–	売掛金	500,000
3月31日	030099	–	–	売掛金	200,000

売上帳				
日付	一連No.	摘要	勘定科目	金額
1月4日	010001	O商店　商品A（@2,000円）×10	売掛金	20,000
1月5日	010002	O商会　商品B（@5,000円）×5	売掛金	25,000
1月9日	010003	Tかばん　商品C（@3,000円）×10	売掛金	30,000
1月11日	010004	M　商品D（@400円）×10	売掛金	4,000
⋮				
1月30日	010038	K商店　商品w（@4,000円）×20	売掛金	80,000
1月31日	010039	Y建設　商品z（@1,000円）×50	売掛金	50,000
1月31日	010099	1月合計	–	400,000

出典：電子帳簿保存法一問一答（電子計算機を利用して作成する帳簿書類関係）Q31

図3.7　3．集計した結果を記録等する場合

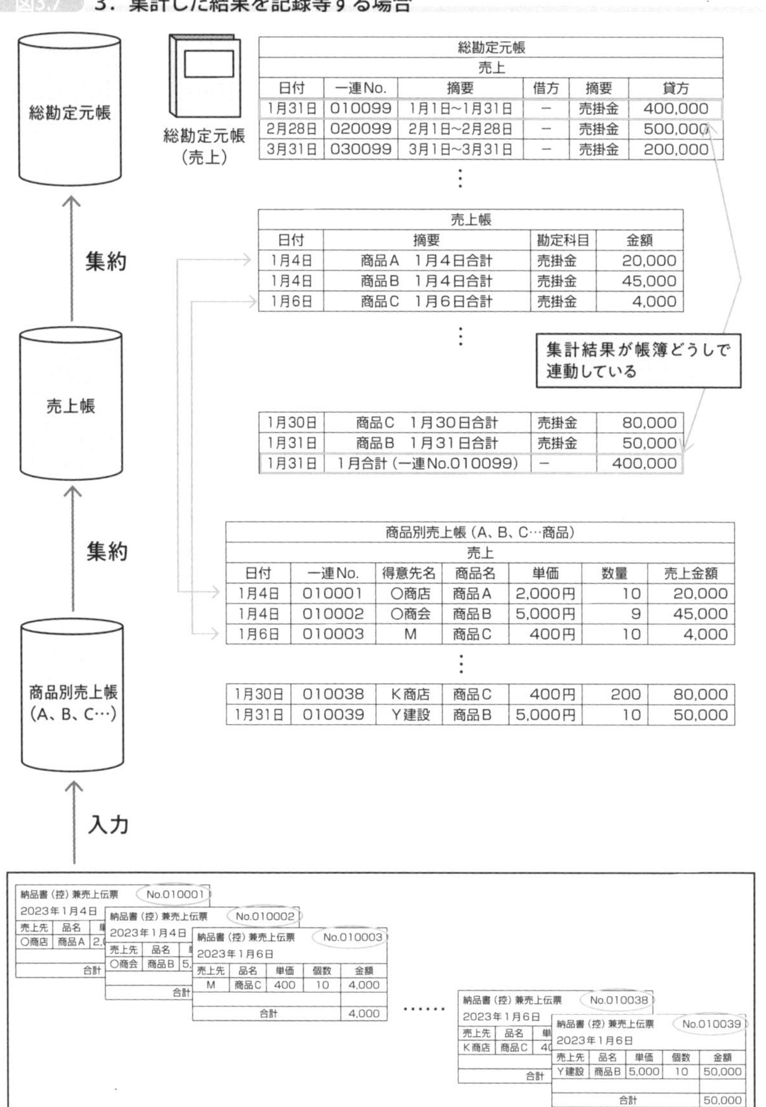

出典：電子帳簿保存法一問一答(電子計算機を利用して作成する帳簿書類関係)Q31

3．データ検索機能の確保

電子データとして保存した帳簿について、検索機能を確保する必要があります。検索機能とは、蓄積された記録事項から設定した条件に該当する記録事項を探し出すことができ、検索によって探し出された記録だけを、ディスプレイの画面と書面に、整然とした形式及び明瞭な状態で出力する機能をいいます。

具体的に下記(1)～(3)の検索機能を満たす必要があります。

①記録項目(取引年月日、取引金額、取引先)で検索できること
②日付または金額について、その範囲を指定して検索できること
③二つ以上の任意の記録項目を組み合わせて検索できること

電子データについて、税務職員による質問検査権に基づくダウンロードに応じることができる場合は、②③の機能は不要となります。

「優良な電子帳簿」の検索機能に求められる条件は、電子取引と同じですので、詳しい説明は、2-4節を参照してください。

会計システムとは別に販売システムで販売データを作成し、それを元に仕訳している場合は

各種の業務システム(販売等の個別取引データを保存)と会計システム(業務システムの集計データを保存)を連携させているような場合、会計システムのデータのみを保存することとした場合、業務システムの集計データのみが保存され、販売等の個別取引データは保存されません。結果として、保存した仕訳帳と総勘定元帳のデータは、全ての取引を記載した帳簿とはならないことになります。

図3.8　販売管理システムと会計システム

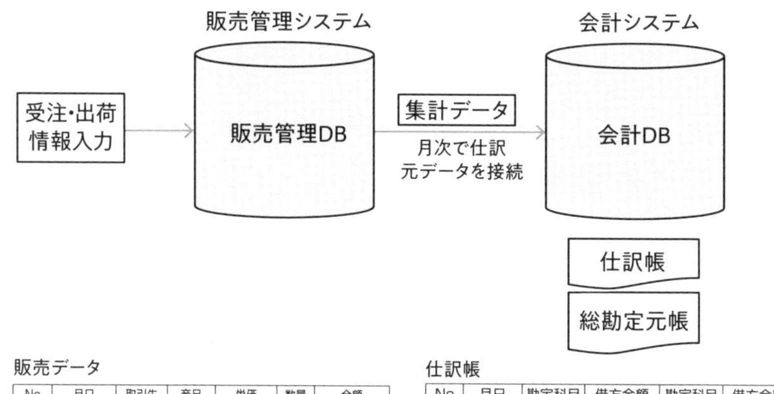

販売データ

No	月日	取引先	商品	単価	数量	金額
1	4月1日	A商店	商品A	100,000	2	200,000
⋮						
233	7月1日	B商店	商品B	150,000	2	300,000
234	7月4日	D商店	商品C	350,000	2	700,000
235	7月8日	E商店	商品A	100,000	5	500,000
236	7月10日	C商店	商品D	200,000	1	200,000
237	7月13日	F商会	商品B	150,000	6	900,000
238	7月18日	D商店	商品D	200,000	2	400,000
239	7月21日	C商店	商品C	350,000	2	700,000
240	7月23日	A商店	商品D	200,000	4	800,000
241	7月28日	B商店	商品B	150,000	2	300,000
242	7月31日	F商会	商品A	100,000	5	500,000
	7月合計					5,300,000

仕訳帳

No	月日	勘定科目	借方金額	勘定科目	借方金額
1	4月30日	売掛金	3,200,000	売上高	3,200,000
2	5月31日	売掛金	2,800,000	売上高	2,800,000
3	6月30日	売掛金	3,100,000	売上高	3,100,000
4	7月31日	売掛金	5,300,000	売上高	5,300,000
5					

月次で合計金額が仕訳元データとして接続される

法人税法施行規則第54条において、仕訳帳は「全ての取引を借方及び貸方に仕訳する帳簿」、総勘定元帳は「全ての取引を勘定科目の種類別に分類して整理計算する帳簿」と規定されていますが、これに反することになります。

したがって、そのようにシステムが連携している場合、「仕訳帳」と「総勘定元帳」を電子データ等により保存するには、原則として、集計データを保存している会計システムのデータだけではなく、個別取引データを保存している業務システムのデータを合わせて保存しなければなりません。

会計システムのデータだけを保存するなら、簡単ですけれど、業務システムのデータも保存するとなると、ハードルが高いですね。

3-3

マイクロフィルムを用いた保存はどう行うか

マイクロフィルムの保存は合理的？

マイクロフィルムで国税関係帳簿書類の保存が認められるには、次の要件を満たす必要があります。
❶マイクロフィルムの作成過程等に関する書類の備え付け
❷マイクロフィルムリーダプリンタ等の備え付け

電子帳簿保存法の本を読んでいたら、マイクロフィルムでの保存という話が出ていました。マイクロフィルムでも保存ができるんですか？

COM のことだね。国税関係帳簿書類はマイクロフィルムで保存することもできるんだ。ただ、要件が厳しいから、長期保存などの必要性がなければ、あまりお勧めはできないかな。

マイクロフィルムを用いた保存のメリットは？

国税関係帳簿書類について、電子計算機出力マイクロフィルムで保存することもできます。マイクロフィルムで保存することを考えていない方は、この節は飛ばしていただいて、結構です。

電子計算機出力マイクロフィルムとは？

電子計算機出力マイクロフィルムとは、コンピューターを用いて、電子データを出力することにより作成するマイクロフィルムのことです。具体的には、マイクロフィルムをカメラ撮影で光学的に作成するのでなく，コンピューターの出力で直接行ったものです。フィルムは原本よりも非常に小さいため、肉眼で判読することはできません。専用の機器で拡大表示したり、紙に印刷したりして読みます。

マイクロフィルムの利点は、省スペース性と耐久性にあります。マイクロフィルムに記録される書類は、原本より非常に小さいため、大量の情報を非常にコンパクトにまとめることができます。また、マイクロフィルムは100年以上の長期保存に耐えられます。これはデジタルデータを保存する光学ディスクよりも圧倒的に長く、記録媒体としてのマイクロフィルムの有効性を表しています。

そのため、業務上の必要から、法定保存期間より長期にわたって、データを保存する必要のある事業者はマイクロフィルムによる保存も選択肢となります。

図3.9 マイクロフィルム

電子計算機出力マイクロフィルムをCOMと記載します。COMはComputer Output Microfilmの略です。

国税関係帳簿について、自己が最初の記録段階から一貫してPC等を利用して作成する場合は、最低限の要件を満たす電子帳簿の保存要件(3-1節を参照してください)に加えて、次の要件を満たせば、電子データの備え付けとCOMの保存によって、帳簿の備え付けと保存に代えることができます。

❶マイクロフィルムの作成過程等に関する書類の備え付け

マイクロフィルムの作成過程等に関する書類は以下のものとなります。

(1)電子計算機出力マイクロフィルムの作成と保存に関する事務手続を明らかにした書類

(2)次に掲げる事項を記載した書類

①保存義務者の「国税関係帳簿に係る電子データが真正に出力され、当該電子計算機出力マイクロフィルムが作成された旨を証する記載」とその氏名

②電子計算機出力マイクロフィルムの作成責任者の氏名

③電子計算機出力マイクロフィルムの作成年月日

❷マイクロフィルムリーダプリンタ等の備え付け

COMの保存場所に、日本産業規格B七一八六に規定する基準を満たすマイクロフィルムリーダプリンタとその操作説明書を備え付けて、COMの内容をマイクロフィルムリーダプリンタの画面と書面に、整然とした形式、明瞭な状態で、速やかに出力することができるようにしておく必要があります。

図3.10 マイクロフィルムリーダプリンタ

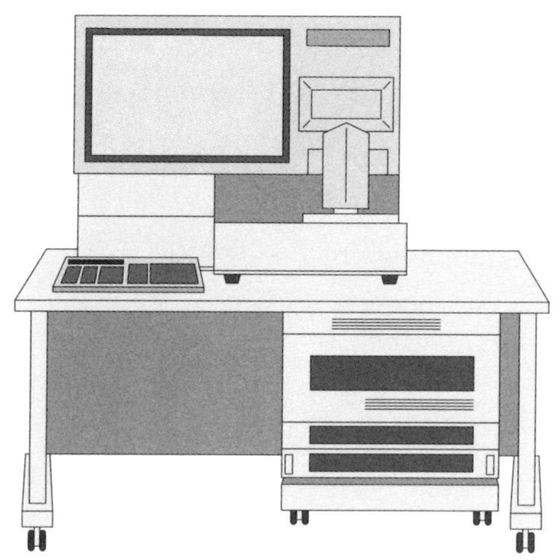

国税関係書類について、自己が一貫してPC等を利用して作成する場合は、最低限の要件を満たす電子帳簿の保存要件（2を除きます。下記参照）に加えて、上記❶❷の要件を満たせは、COMの保存によって、書類の保存に代えることができます。

最低限の要件を満たす電子帳簿の保存要件（内容については、3-1節を参照してください）

1．関係書類等の備え付け

2．見読可能性の確保

3．税務調査でのダウンロードの求め

電子データの保存からCOMによる保存への移行

国税関係帳簿書類を電子データで保存している事業者は、その全部または一部をCOMの保存に移行することができます。

電子データによる保存からCOMによる保存への移行は保存要件を満たせばいつでも可能です。COMによる保存から電子データによる保存への移行は認められません。

電子データによる保存をCOMによる保存に代える場合、代える日の3か月前の日までに税務署長にその旨を申請する必要があります。

図3.11 国税関係帳簿書類に係る電磁的記録の電子計算機出力マイクロフィルムによる保存の承認申請書

国税関係帳簿書類に係る電磁的記録の電子計算機
出力マイクロフィルムによる保存の承認申請書

（中途）

税務署受付印

※整理番号	

令和　年　月　日	（フリガナ） 住所又は居所 （法人の場合） 本店又は主たる事務所の所在地	（電話番号　－　－　）
	（フリガナ） 名称（屋号）	
	法人番号	
税務署長殿	（フリガナ） 氏名 （法人の場合） 代表者氏名	
（所轄外税務署長） 税務署長殿	（フリガナ） （法人の場合） 代表者住所	（電話番号　－　－　）

旧法第５条第３項の承認を受けたいので、同法 第6条第2項　の規定により申請します。

1　承認を受けようとする国税関係帳簿書類の種類、電磁的記録の保存に代える日及び保存場所等

帳簿書類の種類 根拠税法	名称等	電磁的記録の保存に代える日（当初の承認を受けた年月日等）	納税地等及び保存場所（異なる場合は二段書きで記載）
		年　月　日 （　年　月　日）	
		年　月　日 （　年　月　日）	
		年　月　日 （　年　月　日）	
		年　月　日 （　年　月　日）	
		年　月　日 （　年　月　日）	
		年　月　日 （　年　月　日）	
		年　月　日 （　年　月　日）	
		年　月　日 （　年　月　日）	
		年　月　日 （　年　月　日）	
		年　月　日 （　年　月　日）	
		年　月　日 （　年　月　日）	

税理士署名	

※税務署処理欄	同時提出申請書			回付先			整理簿
	個人（消費）・資産・資料・法人（消費）・源泉 諸税・酒（　）			管理 運営 ⇨ 個人・資産・資料・法人・源泉 諸税・酒・局（　）			
	通信日付印	確認	みなし承認年月日	入力年月日	入力担当者	番号確認	（摘要）
	年　月　日		年　月　日	年　月　日			

（1／4）

2　承認を受けようとする国税関係帳簿書類の作成・保存に使用する電子計算機の概要

区　分	メーカー名	機種名	台数	設置場所（委託運用の場合は、委託先の名称及び所在地）
その他（　）			台	
その他（　）			台	
その他（　）			台	
その他（　）			台	
その他（　）			台	

3　承認を受けようとする国税関係帳簿書類の作成・保存に使用するプログラム（ソフトウェア）の概要

区　分（プログラムの内容）	①市販プログラム メーカー名	商品名等	②市販プログラム以外 所有者名等	①の場合はメーカー住所 ②の場合は所有者住所
自己開発				
自己開発				
自己開発				
自己開発				
自己開発				

4　所轄外税務署長を経由して提出する理由（旧法第6条第6項の規定を適用しようとする場合）

5　取りやめの届出書を提出し、又は取消しの通知を受けた国税関係帳簿書類の種類及びその年月日（この申請に係る国税関係帳簿書類について、電磁的記録等による保存等の取りやめの届出書を提出し、又は承認を取り消された後に、再び、承認を受けようとする場合）

区　分	対象となった帳簿書類の種類 根拠税法	名称等	届出書の提出 通知書の受理 年月日
取りやめ届出			年　月　日
取りやめ届出			年　月　日
取りやめ届出			年　月　日

6　COMによる保存をもって電磁的記録の保存に代えようとする期間

☐ 保存期間のうち保存期間の初日から（　　　　　）が経過した日以後の期間

☐ 保存期間の全期間

（2／4）

※以降2枚省略

優良な電子帳簿のCOMによる保存

優良な電子帳簿をCOMに保存するには、次の5つの要件を満たす必要があります。

1. 優良な電子帳簿のすべての保存要件(3-2節を参照してください)
2. 電子データの訂正・削除・追加の履歴の確保に関する事項を含む備付書類の記載要件
3. 索引簿の備え付け
4. COMへの索引の出力(COMごとの記録事項の索引をそのCOMに出力しておく)
5. 当初3年間におけるCOMの記録事項の検索機能の確保

(ⅰ)COMの保存に合わせて、見読可能装置の備え付け等と検索機能の確保の要件にしたがって、そのCOMの電子記録の保存を行うこと

(ⅱ)COMの記録事項の検索をすることができる機能を確保しておくこと

「電子データの訂正・削除・追加の履歴の確保に関する事項を含む備付書類の記載要件」について

104ページに記載したマイクロフィルムの作成過程等に関する書類(2)①に以下の記載を行う必要があります。

❶国税関係帳簿の電子データの記録事項に訂正、削除を行った場合、事実と内容を確認することができること

❷国税関係帳簿の記録事項の入力を業務処理に係る通常の期間を経過した後に行った場合、その事実を確認することができること

「索引簿の備え付け」について

COMの保存に併せて、国税関係帳簿の種類と取引年月日その他の日付を特定することによって、対応するCOMを探し出すことができる索引簿の備付けを行う必要があります。

ただし、以下の場合は索引簿の備え付けを省略することができます。

1)日本産業規格Ｚ6007 に規定する計算機出力マイクロフィッシュ（以下ＣＯＭフィッシュ)を使用しており、ＣＯＭフィッシュのヘッダーに同号に規定する事項が明瞭に出力されていて、ＣＯＭフィッシュがフィッシュアルバムに整然と収納されている場合

2)COMの記録事項の検索をすることができる機能が確保されている場合(この機能が確保されている期間に限ります)

「当初3年間におけるCOMの記録事項の検索機能の確保」について

国税関係帳簿書類の保存をCOMにより行う場合、保存期間の初日から法定申告期限の後3年間は、出力機能と検索機能を確保した電子データを並行して保存しておくか、COMの記録事項を検索できる機能(電子データの検索機能に相当するもの)を確保しておくことが要件とされています。

そのため、電子データの並行保存に代えて、出力した書面を保存する方法は認められません。

なお、「優良な電子帳簿に係る過少申告加算税の軽減措置の適用を受けるための検索機能の確保」の要件は、その電子帳簿に係る電子データについて税務職員による質問検査権に基づくダウンロードの求めに応じられる場合、「範囲を指定して条件を設定できる機能」と「項目を組み合わせて条件を設定できる機能」は不要です。この点は、電子取引と同じです。2-4節を参照してください。

「COMの記録事項を検索できる機能」とは

「COMの記録事項を検索できる機能」は、検索によって探し出した記録事項が含まれるCOMのコマの内容が自動的に出力される機能を指します。

この要件を満たす方法としては、次の方法が考えられます。

最初、COMの作成時に、別途、帳簿書類ごとに、検索の条件として設定した記録項目とフィルム番号とコマ位置の情報を関連付けて記録したものを検索用の電子データとして、作成しておきます。この電子データを使って特定のCOMの情報を探し出すことができるPC等とマイクロフィルムリーダプリンタとを組み合わせた次のような方法がいずれも上記機能に該当します。

⑴ 半自動検索

① PC等による検索の結果をPC等のディスプレイの画面と書面に出力する（検索の結果とは、検索対象の帳簿書類の記録項目、フィルム番号とコマ位置の情報をいいます）

② ①で得たフィルム番号情報に基づいて該当のCOMをマイクロフィルムリーダプリンタに手動で装填する

③ マイクロフィルムリーダプリンタに附属のキーボードから①で検索したコマ位置情報をキー入力し、該当するコマの内容をマイクロフィルムリーダプリンタの画面と書面に自動的に出力する

図3.12 ⑴ 半自動検索

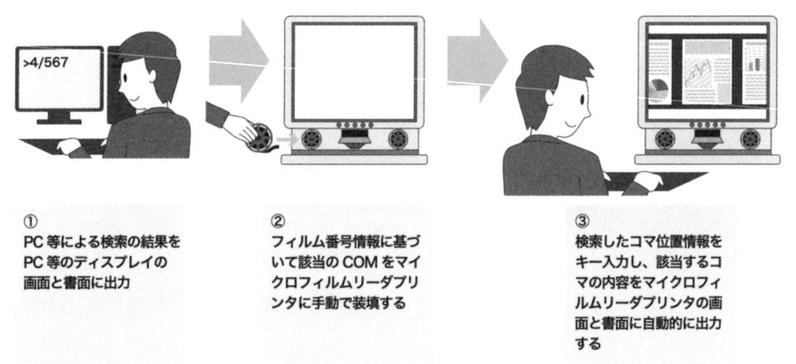

⑵ 自動検索

① ⑴の①と同様

② 検索の結果であるフィルム番号とコマ位置の情報をPC等からマイクロフィルムリーダプリンタに自動的に転送する

③ ⑴の②と同様

④ ②で転送された情報に基づいて該当のコマの内容をマイクロフィルムリーダプリンタの画面と書面に自動的に出力する

図3.13　(2) 自動検索

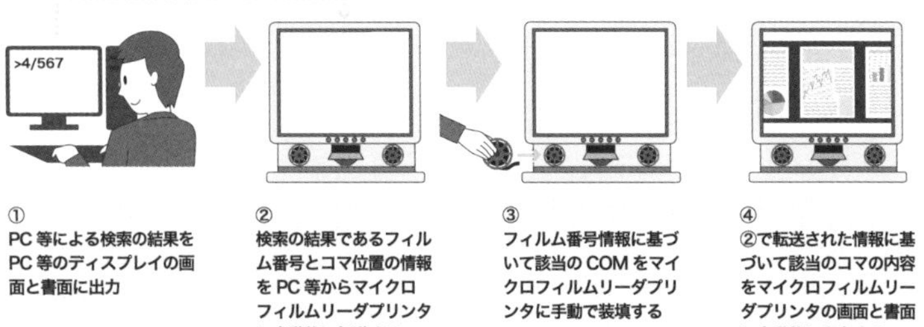

⑶ 全自動検索

① ⑵の①と同様

② ⑵の②と同様

③ ②で転送された情報に基づいて該当するCOMをマイクロフィルムリーダプリンタに自動的に装填する

④ ⑵の④と同様

図3.14　(3) 全自動検索

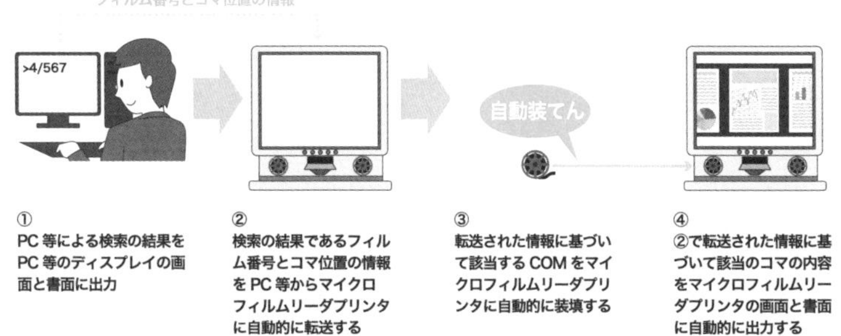

なお、PC等を用いてCOMを特定する情報を探し出すことは可能でも、該当のCOMのコマの位置合わせが手動である場合には、COMのコマの内容が自動的に出力されないので、要件を満しません。

電子データでの保存は気軽にできそうですけれど、マイクロフィルムでの保存は検索も含めるとかなり条件が厳しそうですね。

3-4

過少申告加算税の軽減措置を受けるには

帳簿書類を電子データ化化すれば、軽減措置を受けられるのか？

過少申告加算税の軽減措置については、以下の点に留意する必要があります。

❶軽減措置の適用を受けられるのは、特例国税関係帳簿に記載された事項に限られる。

❷電子データでの保存の対象は、所得税法上の青色申告者または法人税法上の青色申告法人が保存しなければならない帳簿全て。

❸事業部又は支店ごとに作成している場合でも、国税関係帳簿は全ての帳簿について、優良電子帳簿の要件を満たして電子データで保存しなければならない。

電子帳簿保存に対応すれば、過少申告加算税を軽減されるという話があったと思います。優良な電子帳簿の要件を満たして届出すれば、どんな場合も軽減措置を受けられるんですか？

これを機会に軽減措置についても、注意する点をまとめておこう。

過少申告加算税の軽減適用範囲は？

優良な電子帳簿に係る過少申告加算税の軽減措置の適用を受けられるのは、特例国税関係帳簿に記載された事項に限られます。

法人の場合、法人税、地方法人税、消費税において、過少申告加算税の額の計算の基礎となる税額の計算は、全ての事項が国税関係帳簿に記録されているものなので、基礎となる税額の全てが軽減措置の適用対象となります。

個人事業者の場合、軽減措置の適用対象となるのは、所得税では、帳簿の保存義務があり、該当する帳簿に基づいて計算される所得に係る税額に限られます。したがって、事業所得、不動産所得、山林所得といった帳簿の保存義務がある所得に係る過少申告は全て過少申告加算税が軽減されます。一方、帳簿の保存義務がない一時所得や配当所得のような所得に係る過少申告や、所得税の所得控除(保険料控除、扶養控除等)の適用誤りによる過少申告に、優良な電子帳簿に係る過少申告加算税の軽減措置の適用はありません。

図3.15 過少申告加算税の軽減適用範囲

<table>
<tr><th>主体</th><th colspan="2">対象となる税法</th><th>適用の有無</th></tr>
<tr><td>法人</td><td colspan="2">法人税
地方法人税
消費税</td><td rowspan="2">適用あり</td></tr>
<tr><td rowspan="2">個人事業者</td><td rowspan="2">所得税</td><td>事業所得
不動産所得
山林所得</td></tr>
<tr><td>一時所得
配当所得
所得税の所得控除の適用誤り</td><td>適用なし</td></tr>
</table>

どの帳簿を電子データ化すれば、過少申告加算税の軽減措置を受けられるのか

過少申告加算税の軽減措置の規定の対象となる特例国税関係帳簿は、所得税法では、取引に関する帳簿と記載事項、法人税では、取引に関する帳簿と記載事項、消費税法の仕入に係る消費税額の控除、売上に係る対価の返還等をした場合の消費税額の控除、特定課税仕入れに係る対価の返還等を受けた場合の消費税額の控除、帳簿の備え付け等、に規定する帳簿になります。

所得税法上の青色申告者または法人税法上の青色申告法人が保存しなければならない帳簿全てが電子データでの保存の対象になります。

総勘定元帳や仕訳帳以外の帳簿は納税者が行う事業の業種や規模によって異なります。そのため、保存義務者によって作成している帳簿は様々になりますが、現金出納帳、固定資産台帳、売掛帳、買掛帳、経費帳等の帳簿を作成している場合は、電子帳簿保存法の規定に従って、保存しなければなりません。

図3.16 軽減措置の規定の対象となる特例国税関係帳簿

税法の区分	特例国税関係帳簿
所得税法	取引に関する帳簿（総勘定元帳や仕訳帳等）と記載事項
法人税法	取引に関する帳簿（総勘定元帳や仕訳帳等）と記載事項
消費税	仕入に係る消費税額の控除 売上に係る対価の返還等をした場合の消費税額の控除 特定課税仕入れに係る対価の返還等を受けた場合の消費税額の控除

適用を受けようとする税目に係る全ての帳簿を優良な電子帳簿の要件に従って保存し、前もって適用を受けようとする国税の法定申告期限までに、過少申告加算税の軽減措置の規定の適用を受ける旨等を記載した届出書を所轄の税務署長等に提出しなければなりません。

令和5(2023)年度税制改正による電子帳簿等保存制度の見直し

※令和6(2024)年1月1日以後に法定申告期限等が到来する国税について適用されます。

「優良な電子帳簿に係る過少申告加算税の軽減措置」の適用を受ける場合、優良な電子帳簿として作成しなければならない帳簿の範囲が、申告所得税･法人税について見直されました。

消費税について、この措置の適用を受ける場合に、優良な電子帳簿として作成しなければならない帳簿の範囲に変更はありません。

【見直し前】

①仕訳帳、②総勘定元帳、その他必要な帳簿(全ての青色関係帳簿)

【見直し後】

①仕訳帳、②総勘定元帳、その他必要な帳簿(以下の記載事項に係るものに限定)

図3.17 「優良な電子帳簿に係る過少申告加算税の軽減措置」の対象となる帳簿の範囲

③における記載事項	帳簿の具体例
売上（加工その他の役務の給付等売上と同様の性質を有するものを含む）その他収入に関する事項	売上帳
仕入その他経費（法人税は、賃金・給料・法定福利費・厚生費を除く）に関する事項	仕入帳、経費帳、賃金台帳（所得税のみ）
売掛金（未収加工料その他売掛金と同様の性質を有するものを含む）に関する事項	売掛帳
買掛金（未払加工料その他買掛金と同様の性質を有するものを含む）に関する事項	買掛帳
手形（融通手形を除く）上の債権債務に関する事項	受取手形記入帳、支払手形記入帳
その他の債権債務に関する事項（当座預金を除く）	貸付帳、借入帳、未決済項目に係る帳簿
有価証券（商品であるものを除く）に関する事項（法人税のみ）	有価証券受払簿（法人税のみ）
減価償却資産に関する事項	固定資産台帳
繰延資産に関する事項	繰延資産台帳

出典：https://www.nta.go.jp/law/joho-zeikaishaku/sonota/jirei/pdf/0023003-082.pdf

図3.18 国税関係帳簿の電磁的記録等による保存等に係る過少申告加算税の特例の適用を受ける旨の届出書

国税関係帳簿の電磁的記録等による保存等に係る過少申告加算税の特例の適用を受ける旨の届出書 (優良)

税務署受付印

※整理番号

令和　年　月　日 税務署長殿 (所轄外税務署長) 税務署長殿 (規則第5条第4項において準用する規則第2条第10項の規定を適用して提出する理由)	(フリガナ) 住所又は居所 (法人の場合) 本店又は主たる事務所の所在地	(電話番号　－　－　)
	(フリガナ) 名称(屋号)	
	法人番号	
	(フリガナ) 氏名 (法人の場合) 代表者氏名	
	(フリガナ) (法人の場合) 代表者住所	(電話番号　－　－　)

法第8条第4項の規定の適用を受けたいので、規則第5条第1項の規定により届け出ます。

1　特例の適用を受けようとする国税関係帳簿の種類並びに備付け及び保存に代える日
（次に表示されている帳簿のほか、作成している場合にはその他の補助帳簿について記載する。）

帳簿の種類 根拠税法	名称等	備付け及び保存に代える日	帳簿の種類 根拠税法	名称等	備付け及び保存に代える日
□ 所得税法 □ 法人税法 □ 消費税法	総勘定元帳	年　月　日	□ 所得税法 □ 法人税法 □ 消費税法		年　月　日
□ 所得税法 □ 法人税法	仕訳帳	年　月　日	□ 所得税法 □ 法人税法		年　月　日
□ 所得税法 □ 法人税法		年　月　日	□ 所得税法 □ 法人税法		年　月　日
□ 所得税法 □ 法人税法		年　月　日	□ 所得税法 □ 法人税法		年　月　日

2　その他参考となるべき事項

（1）　特例の適用を受けようとする国税関係帳簿の作成・保存に使用するプログラム（ソフトウェア）の概要

□市販のソフトウェアのうちＪＩＩＭＡの認証を受けているもの
（メーカー名：　　商品名：　　）

□市販のソフトウェア（メーカー名：　　商品名：　　）

□自己開発（委託開発の場合は、委託先：　　）

（2）　その他参考となる事項

税理士署名	

※税務署処理欄	通信日付印	確認	入力年月日	入力担当者	番号確認	(摘要)
	年　月　日		年　月　日			

（1／1）

第3章 帳簿書類の電子データ化について知ろう

事業部ごと、支店ごとに帳簿を作成している場合、本店の帳簿だけを電子データ化すれば、本店分は過少申告加算税の軽減措置を受けられるのか

過少申告加算税の軽減措置の適用を受けるには、特例国税関係帳簿のうち、その適用を受けようとする税目ごとに保存義務者が保存等を行うべき全ての帳簿について、優良電子帳簿の要件を満たして電子データでの保存等を行っている必要があります。

したがって、事業部又は支店ごとに作成している国税関係帳簿であっても、特例国税関係帳簿に該当するものは全て優良電子帳簿の要件を満たして保存されていなければ、過少申告加算税の軽減措置は受けられません。

個人事業者の65万円青色申告特別控除

青色申告特別控除は、青色申告の承認を受けて一定の要件を満たしている場合に、所得税の控除を受けられる制度です。優良な電子帳簿で帳簿書類を保存している場合には、この控除額が通常の55万円から65万円になるため、10万円多く控除を受けることができます。

65万円青色申告特別控除の適用を受けるには、適用を受ける年の翌年3月15日（適用を受ける年の法定申告期限）までに届出書を所轄の税務署長に提出する必要があります。

図3.19　国税関係帳簿の電磁的記録等による保存等に係る65万円の青色申告特別控除・過少申告加算税の特例の適用を受ける旨の届出書

税務署受付印

1	7	4	0

個人事業者用

国税関係帳簿の電磁的記録等による保存等に係る65万円の青色申告特別控除・過少申告加算税の特例の適用を受ける旨の届出書　優良

＿＿＿＿＿税務署長

＿＿年＿＿月＿＿日提出

納税地	◎住所地 ◎居所地 ◎事業所等（該当するものを選択してください。） （〒　－　） （TEL　－　－　）		
上記以外の住所地・事業所等	納税地以外に住所地・事業所等がある場合は記載します。 （〒　－　） （TEL　－　－　）		
フリガナ		生年月日	年　月　日
氏名			

整理番号		職業		フリガナ 屋号	

1　届出の区分（適用を受けたい内容に応じて、以下の□の**いずれか**にチェックを入れる。）

□　所得税の国税関係帳簿の電磁的記録等による保存等に係る**65万円の青色申告特別控除（※）**の適用を受けたいので、規則第５条第１項の規定により届け出ます。

（※）65万円の青色申告特別控除の適用を受けるためには、**仕訳帳及び総勘定元帳**について、規則第５条第５項に規定する優良帳簿の要件に従って保存する必要があります。

□　国税関係帳簿の電磁的記録等による保存等に係る**65万円の青色申告特別控除及び過少申告加算税の特例（※）**の適用を受けたいので、規則第５条第１項の規定により届け出ます。

（※）65万円の青色申告特別控除及び過少申告加算税の特例の適用を受けるためには、所得税又は消費税に係る**国税関係帳簿の全て**について、規則第５条第５項に規定する優良帳簿の要件に従って保存する必要があります。

2　特例の適用を受けようとする国税関係帳簿の種類並びに備付け及び保存に代える日
（次に表示されている帳簿のほか、作成している場合にはその他の補助帳簿について記載する。）

帳簿の種類		備付け及び保存に	帳簿の種類		備付け及び保存に
根拠税法	名称等	代える日	根拠税法	名称等	代える日
□ 所得税法 □ 消費税法	総勘定元帳	年　月　日	□ 所得税法 □ 消費税法		年　月　日
□ 所得税法	仕訳帳	年　月　日	□ 所得税法 □ 消費税法		年　月　日
□ 所得税法 □ 消費税法		年　月　日	□ 所得税法 □ 消費税法		年　月　日
□ 所得税法 □ 消費税法		年　月　日	□ 所得税法 □ 消費税法		年　月　日

3　その他参考となるべき事項

（1）　特例の適用を受けようとする国税関係帳簿の作成・保存に使用するプログラム（ソフトウェア）の概要

□　市販のソフトウェアのうちＪＩＩＭＡの認証を受けているもの
（メーカー名：　　　　商品名：　　　　）

□　市販のソフトウェア（メーカー名：　　　　商品名：　　　　）

□　自己開発（委託開発の場合は、委託先：　　　　）

（2）　その他参考となる事項

税理士署名	

※税務署処理欄	通信日付印	確認	入力年月日	入力担当者	番号確認	（摘要）
	年　月　日		年　月　日			

（1／1）

事前に届出書を出さないと、過少申告加算税の特例は受けられないんですね。

3-5

適用を取りやめるにはどうすればよいのか

会社の判断だけで帳簿書類の電子データ化をやめることは可能？

- 電子帳簿の保存をやめる場合、以下を行う必要があります。
- ❶その日以後の新たな記録分等について書面で保存等をする
- ❷その日まで保存等していた電子データで、保存要件が満たせなくなるものは全て書面に出力して、保存期間が満了するまで保存等をする

電子帳簿保存に対応したとして、やっぱり電子データの保存が大変だからやめるという事はできるんですか？

もちろん、電子データによる保存をとりやめることは、できるよ。その場合、その日以後の帳簿書類はすべて紙に印刷して保存する必要があるね。

電子帳簿保存のとりやめは？

国税関係帳簿または国税関係書類の書面による保存を電子データによる保存等に代えられるのは、自己が一貫してPC等を使用して国税関係帳簿または国税関係書類を作成する場合に限られています。

もし課税期間の途中で要件を満たせなくなった等の事情が生じ、**電子データによる保存等(備え付けを含みます)をやめる場合、国税関係帳簿または国税関係書類については、その日以後の新たな記録分等について書面で保存等をする必要があります。**また、その日まで保存等していた電子データで、保存要件が満たせなくなるものは全て書面に出力して、保存期間が満了するまで保存等をする必要があります。

優良な電子帳簿の保存をやめるには？

まず、法第８条第４項(過少申告加算税の軽減措置)の規定の適用を取りやめる旨等を記載した届出書(以下「特例取りやめ届出書」)を所轄の税務署長等に提出する必要があります。

図3.20 国税関係帳簿の電磁的記録等による保存等に係る過少申告加算税の特例の適用の取りやめの届出

国税関係帳簿の電磁的記録等による保存等に係る過少申告加算税の特例の適用の取りやめの届出書
国税関係帳簿書類の電磁的記録等による保存等の取りやめの届出書

取りやめ

税務署受付印

	※整理番号	
令和　年　月　日 税務署長殿 (所轄外税務署長) 税務署長殿 (規則第５条第４項において準用する規則第２条第10項の規定を適用して提出する理由)	(フリガナ) 住所又は居所 (法人の場合) 本店又は主たる事務所の所在地	(電話番号　－　－　)
	(フリガナ) 名称（屋号）	
	法人番号	
	(フリガナ) 氏名 (法人の場合) 代表者氏名	
	(フリガナ) (法人の場合) 代表者住所	(電話番号　－　－　)

□　　年　月　日以後保存等を行う国税関係帳簿について、法第８条第４項の特例の適用を取りやめますので、規則第５条第２項の規定により届け出ます。
・特例の適用を受ける旨の届出書を提出した年月日：　年　月　日

□　　年　月　日以後保存等を行う次の国税関係帳簿書類について電磁的記録等による保存等を取りやめますので、旧法第７条第１項の規定により届け出ます。

1　電磁的記録等による保存等をやめようとする国税関係帳簿書類の種類等

帳簿書類の種類 根拠税法	名称等	当初の承認を受けた年月日等	保存方法	納税地等（上段）保存場所（下段）
		年　月　日	□ 電磁的記録 □ COM　□ スキャナ	
		年　月　日	□ 電磁的記録 □ COM　□ スキャナ	
		年　月　日	□ 電磁的記録 □ COM　□ スキャナ	

2　電磁的記録等による保存等をやめようとする理由

3　その他参考となる事項

「旧法第４条第３項の規定による電磁的記録の保存をやめようとする場合の基となった書類の保存の状況」
（□保存している　・　□廃棄した　）

税理士署名	

※税務署処理欄	同時提出届出書			回付先		整理簿
	個人（消費）・資産・資料・法人（消費）・源泉 諸税・酒（　）			管理運営 ⇨ 個人・資産・資料・法人・源泉 諸税・酒・局（　）		
	通信日付印	確認	入力年月日	入力担当者	番号確認	（摘要）
	年　月　日		年　月　日			

（1／1）

特例取りやめ届出書を提出した場合、その提出があった日の属する課税期間以後の課税期間は、過少申告加算税の軽減措置の適用を受ける旨の届出書の効力が失われます。**優良な電子帳簿による軽減措置は受けられなくなりますが、電子データでの保存等自体は引き続き認められます。**

そのため、優良な電子帳簿以外の電子帳簿の要件を満たして保存等している場合には、電子データで保存することができます。また、一般電子帳簿の要件を満たしていれば、優良な電子帳簿の要件を満たしていないことが理由で、電子データでの保存等に係る帳簿書類の保存義務違反による青色申告の承認の取消し等の対象にはなりません。

また、要件を満たせなくなった等の事情が生じ、電子データによる保存等をやめる場合は、その日以後の新たな記録分等について書面で保存等をしなければなりません。また、保存等をしている過去の電子データ等で保存要件を満たせなくなるものは全て書面に出力して、保存期間が満了するまで保存等をする必要があります。

優良な電子帳簿でなくなっても、電子データで保存を続けることはできるんですね。

第4章

スキャナ保存できる書類を知ろう

スキャナ保存制度は、取引の相手先から受け取った請求書等、自己が作成した請求書等の写しなどの国税関係書類について、スキャンした電子データによる保存を認める制度です。

スキャナ保存できる書類には、「重要書類」と「一般書類」の区分があり、保存要件がそれぞれ異なります。

また、スキャナ保存はデータが書類から正しく作成されたものであることを担保し、目視で容易に確認できるようにするため、多くの保存要件が求められています。

スキャナ保存に必要とされる要件を理解することがこの章のポイントになります。また、スキャナ保存が認められない文書もあることに留意してください。

この章の学習範囲

この章では、下記のハイライト部分を学習します。

<table>
<tr><th colspan="4">保存対象</th><th>保存方法</th><th>電子帳簿保存法上の区分</th></tr>
<tr><td colspan="3">国税関係帳簿</td><td>総勘定元帳
仕訳帳
現金出納帳
売掛金元帳　等</td><td rowspan="3">電子データで保存</td><td rowspan="3">❶電子帳簿等保存</td></tr>
<tr><td rowspan="3">国税関係書類</td><td colspan="2">決算関係書類</td><td>棚卸表
貸借対照表
損益計算書　等</td></tr>
<tr><td rowspan="2">取引関係書類</td><td>自己が発行</td><td>見積書控
契約書
請求書控
領収書控　等</td></tr>
<tr><td>相手から受領</td><td>見積書
契約書
請求書
領収書　等</td><td>スキャナ保存</td><td>❷スキャナ保存</td></tr>
<tr><td>電子取引</td><td colspan="2">Web上で確認
電子メールで受領
EDI</td><td>見積書
契約書
請求書
領収書　等</td><td>電子データで保存</td><td>❸電子取引</td></tr>
</table>

4-1

スキャナ保存対象となる書類はどんなもの？

どんな書類でも電子データ化して大丈夫？

決算関係書類のスキャナ保存は認められません。スキャナ保存できる書類の種類は以下のものとその写しになります。

❶重要書類

・契約書・領収書・預り証・借用証書・預金通帳・小切手・約束手形・有価証券受渡計算書・社債申込書・契約の申込書(定型的約款無し)・請求書・納品書・送り状・輸出証明書

❷一般書類

・検収書・入庫報告書・貨物受領証・見積書・注文書・契約の申込書(定型的約款有り)

書類だったら、よほど大きなものを除けば、どんなものでもスキャンできますよね。とりあえずスキャンして保存すればいいんですか。

まず、スキャナ保存できる書類の種類が決まっているんだ。それから、保存の仕方にも決まりがあるよ。

スキャナ保存制度とは

スキャナ保存制度は、取引の相手先から受け取った請求書等、自己が作成した請求書等の写しなどの国税関係書類について、書面による保存に代えて、スキャンした電子データによる保存を認める制度です。スキャナ保存できるのは、国税関係書類のうち、相手から受領した、または相手に交付した取引関係書類になります。決算関係書類はスキャナ保存が認められません。従来、スキャナ保存を行うには、税務署長の承認が必要でしたが、令和4(2022)年1月1日以後に行うスキャナ保存について、税務署長の事前承認制度は廃止されました。

スキャナ保存できない書類とは

スキャナ保存できない書類は、法律で決められています。具体的には、帳簿と決算関係書類です。帳簿は、仕訳帳、総勘定元帳、一定の取引に関して作成されたその他の帳簿、決算関係書類は棚卸表、貸借対照表、損益計算書など、計算、整理又は決算に関して作成されたその他の書類がスキャナ保存できない書類になります。

図4.1 国税関係帳簿書類のスキャナ保存の区分

帳簿	仕訳帳 総勘定元帳 一定の取引に関して作成されたその他の帳簿	
計算、整理、 又は 決算関係書類	棚卸表 貸借対照表・損益計算書 計算、整理又は決算に関して作成されたその他の書類	スキャナ保存対象外

書類の名称・内容	書類の性格	書類の重要度（注）		スキャナ保存対象	
・契約書 ・領収書 及び恒久的施設との間の内部取引に関して外国法人等が作成する書類のうちこれらに相当するもの 並びにこれらの写し	一連の取引過程における開始時点と終了時点の取引内容を明らかにする書類で、取引の中間過程で作成される書類の真実性を補完する書類	資金や物の流れに直結・連動する書類のうち特に重要な書類		速やかに入力 ・ 業務サイクル後、速やかに入力	
預り証 ・借用証書 ・預金通帳 ・小切手 ・約束手形 ・有価証券受渡計算書 ・社債申込書 ・契約の申込書 （定型的約款無し） ・請求書 ・納品書 ・送り状 ・輸出証明書 及び恒久的施設との間の内部取引に関して外国法人等が作成する書類のうちこれらに相当するもの 並びにこれら（納品書を除く）の写し	一連の取引の中間過程で作成される書類で、所得金額の計算と直結・連動する書類	資金や物の流れに直結・連動する書類			
・検収書 ・入庫報告書 ・貨物受領証 ・見積書 ・注文書 ・契約の申込書 （定型的約款有り） 並びにこれらの写し 及び納品書の写し	資金の流れや物の流れに直結·連動しない書類	資金や物の流れに直結・連動しない書類	重要度・低		適時に入力

（注）
重要度が低以外のものがいわゆる重要書類（法第4条第3項に規定する国税関係書類のうち、規則第2条第7項に規定する国税庁長官が定める書類以外の書類）、重要度が低のものが一般書類（規則第2条第7項に規定する国税庁長官が定める書類）。

出典：電子帳簿保存法一問一答(スキャナ保存関係)Q2

スキャナ保存の要件

国税関係書類をスキャナ保存するにはそのデータが書類から正しく作成されたものであることを担保し、目視で容易に確認できるようにするため、保存要件を満たす必要があります。

スキャナ保存できる書類には、「重要書類」と「一般書類」の区分があり、保存要件が異なります。資金や物の流れに直結しない重要度の低い一般書類は、保存要件が緩和されています。

どの文書が、「重要文書」または「一般文書」となるのかについては、図4.1（注）を参照してください。

図4.2　スキャナ保存の要件

要件	重要書類	一般書類
1．入力期間の制限	○	
2．一定水準以上の解像度による読み取り	○	○
3．カラー画像による読み取り	○	※
4．タイムスタンプの付与	○	○
5．解像度と階調情報の保存	○	○
6．大きさ情報の保存	○	
7．ヴァージョン管理（訂正、削除の事実と内容の確認等）	○	○
8．入力者情報の確認	○	○
9．スキャン文書と帳簿の相互関連性の保持	○	○
10．見読可能性の確保	○	○※
11．整然明瞭な出力	○	○
12．システムの開発関係書類等の備え付け	○	○
13．検索機能の確保	○	○

※一般書類の場合、グレースケールでの保存が可能。

注）令和6（2024）年1月1日以後に保存が行われる国税関係書類について、「5．解像度と階調情報の保存」「6．大きさ情報の保存」「8．入力者情報の確認」の要件は不要。また、「9．スキャン文書と帳簿の相互関係の保持」は契約書・領収書等の重要書類だけに限定される。

出典：電子帳簿保存法一問一答（スキャナ保存関係）Q10から作成

4-2

入力で求められる要件は？

スマホの写真でもスキャナ保存として認められる？

入力で求められる要件には以下のものがあります。

❶入力期間の制限

❷一定水準以上の解像度による読み取り

❸カラー画像による読み取り

❹解像度と階調情報の保存

❺大きさ情報の保存

最初の要件に「入力期間の制限」がありますが、どんな内容でしょうか。

書類を受け取ったら、一定期間内にスキャンしなければならないんだ。後忘れてはいけないのが、タイムスタンプも行わなければならないという事だね。

入力期間の制限とは

国税関係書類をスキャナ保存できる要件として、国税関係書類に係る記録事項の入力を一定期間内に行うこととされています。これは、スキャナ保存された電子データの真実性を確保することが目的です。国税関係書類の受領等の後できるだけ早く電子データにすれば、紙の段階で改ざんされる可能性が低くなります。その段階でタイムスタンプを付せば、電子データの改ざんを防ぐことができます。

したがって、入力は期間内に単にスキャニング作業を終えることではなく、タイムスタンプを付し、その後の電子データの訂正又は削除の履歴が確保された状態にしなければなりません。

POINT

入力とは

入力=受け取った書類のスキャニング+タイムスタンプの付与

また、入力期間も事務処理規程を定めている場合と定めていない場合によって異なります。

事務処理規程を定めていない場合、タイムスタンプの付与も含めて、およそ7営業日以内に入力する必要があります。およそ7営業日以内に入力できない特別な事由がある場合、入力することができない事由が解消した後直ちに入力すれば、定められた一定期間内に入力したものとして取り扱われます。機器のメンテナンスを怠った等、保存義務者の不注意等からおよそ7営業日以内に入力できなかった場合、定められた一定期間内に入力したものとしては取り扱われません。

一方、**事務処理規程を定めている場合は、最長で国税関係書類の受領等から2か月とおよそ7営業日以内に入力すればよいことになります。**これは、事業者の業務処理サイクルに配慮したためと考えられます(業務処理サイクルについては、3-2節を参照してください)。

国税庁の公表している「電子帳簿保存法一問一答(スキャナ保存関係)」では、事務処理規程を例示しています。以下にその内容を示します。

事務処理規程の例

スキャナによる電子化保存規程

第1章 総則

(目的)

第1条 この規程は、○○における紙による国税関係書類について、××社製△△システム(以下「本システム」という。)を活用して、スキャナによる電子化を安全かつ合理的に図るための事項を定め、適正に利用・保存することを目的とする。

(定義)

第2条 この規程において、次の各号に掲げる用語の意義は、当該各号に定めるところによる。

一 電子化文書 紙文書を電子化した文書をいう。

二 管理責任者 本システムを円滑に運用するための責任者をいう。

三 真実性を確保するための機能 電子化文書の故意又は過失による虚偽入力、書換え、消去及び混同を未然に防止し、かつ、改ざん等の事実の有無が検証できる機能をいう。

四 機密性を確保するための機能 電子化文書へのアクセスを制限すること、アクセス履歴を記録すること等により、アクセスを許されない者からの電子化文書へのアクセスを防止し、電子化文書の盗難、漏えい、盗み見等を未然に防止する形態で保存・管理される機能をいう。

五 見読性を確保するための機能 電子化文書の内容を必要に応じ電子計算機その他の機器を用いて検索し、画面又は書面に直ちに出力できるよう措置される機能をいう。

(運用体制)

第3条 ○○における本システムの運用に当たっては、管理責任者及び作業担当者を置くものとし、事務分掌細則によりこれを定める。

2 管理責任者は、電子化文書を作成する作業担当者を管理し、電子化文書が法令等の定めに則って効率よく作成されることに責任を持つ。

3 管理責任者は、電子化文書の作成を外部委託する場合、外部委託業者が電子化文書作成に必要な法令等の知識と技能を持つことを確認し、これを条件に業務を委託することができる。

(利用者の責務)

第4条 本システムの利用者は以下の責務を負う。

一 自身のＩＤやパスワードを管理し、これを他人に利用させない。

二 本システムの情報の参照や入力(以下「アクセス」という。)に際して、ＩＤやパスワードによって、本システムに利用者自身を認識させる。

三 与えられたアクセス権限を越えた操作を行わない。

四 参照した情報を目的外に利用しない。

五 顧客及び関係者のプライバシーを侵害しない。

第２章 対象書類及び入力の時期

(対象書類)

第５条 ○○におけるスキャナにより電子化する書類は、次の各号に定めるところによる。

一 請求書

二 納品書

三 見積書(控)

四 注文書

２ 前項第３号及び第４号に定める書類は、これらを併せて、以下「一般書類」という。

(入力の時期)

第６条 第５条各号に定める書類については、書類を取得後、次の時期に入力する。

一 請求書 速やか(おおむね７営業日以内)に入力

二 納品書 毎月末までに受領したものを、翌々月７日までに入力

三 見積書(控) １月から６月までに発行したものは８月末までに、７月から12 月までに発行したものは翌年２月末までに入力

四 注文書 １月から６月までに受領したものは８月末までに、７月から12 月までに受領したものは翌年２月末までに入力

第３章 機能要件

(管理機能等)

第７条 本システムによる電子化文書の作成及び管理機能は、次に定めるところによる。

一 データフォーマット 電子化文書のデータフォーマットは、ＢＭＰ、ＴＩＦＦ、ＰＤＦ又はＪＰＥＧとする。

二 階調性の確保 画像の階調性を損なうような画像補正は行わない。

三 画像品質の確保 電子化文書の画像は、第10 条で定めるところにより確認できること。

四 両面スキャン 電子化文書の作成に当たっては、原則として、両面をスキャンする。ただし、裏面に記載のないものなどについては、この限りではない。

２ 真実性を確保するための機能は、次に定めるところによる。

一 タイムスタンプ □□株式会社のタイムスタンプサービスを利用し、電子化文書には第６条各号に定める時期までにタイムスタンプを付与し、当該電子化文書の作成時期の証明及び改ざん等の事実の有無を検証できるようにする。

なお、課税期間中の任意の期間を指定して当該期間内に付与したタイムスタンプについて、一括して検証できるようにする。

二 解像度等の情報の保存 電子化文書作成時の解像度、階調及び元の紙文書の大きさに関する情報を保存する。

ただし、一般書類については、紙文書の大きさに関する情報を保存する必要はない。

三 ヴァージョン管理 記録した電子化文書のヴァージョン管理を行うに当たり、当初に記録した電子化文書を第1版とし、その後に訂正又は削除が行われても第1版の内容を保持する。

3 機密性を確保するための機能は、次に定めるところによる。

一 アクセス管理 情報の利用範囲、更新履歴、機密度等に応じた管理区分を設定するとともに、情報にアクセスしようとする者を識別し認証できること。

二 不正アクセスの排除 不正なアクセスを排除できること。

三 利用ログ管理 本システムの管理責任者は、ログの情報等を利用して不正なアクセスの防止をすることとする。

4 見読性を確保するための機能は、次に定めるところによる。

一 検索機能 記録されている電子化文書に検索のために必要な情報(検索項目)を付加し、かつ、その検索項目を活用して該当する電子化文書を抽出できること。

二 検索項目設定機能 検索項目に、i)取引日付、ii)取引金額、iii)取引先名称が設定でき、日付又は金額の項目は範囲指定を可能とし、任意の2項目以上の検索項目を組み合わせて検索できること。

三 帳簿との関連性を確保する機能 電子化文書には、管理用通番として伝票番号を付し、帳簿に記載される内容と関連付けを行う。

四 整然とした形式で速やかに紙出力する機能 記録されている電子化文書及びログ等の管理情報をデータフォーマットの種類にかかわらずディスプレイやプリンタに整然とした形式で国税関係書類と同程度の明瞭さを確保しつつ速やかに出力することができること。

五 4ポイント文字が認識できる機能 本システムはJIS X 6933 又はISO12653-3 テストチャートの4ポイント文字が認識でき、電子化文書を拡大縮小表示できること。

第4章 機器の管理と運用

(機器の管理)

第8条 本システムの機器の管理及び運用に関する基準を遵守する。

2 電子化文書の情報が十分に保護されるように記録媒体の二重化、バックアップの採取等を行う。また、品質劣化が予想される記録媒体については定期的に記録媒体の移し替え等を行う。

3 外部ネットワーク接続により、不正アクセスによる被害やウィルスによる被害が発生しないように対策を施す。

(入力装置の設定)

第9条 入力装置の設定は、次に定めるところによる。

ただし、一般書類に係る階調はグレースケールとしてもこれを認める。

一 解像度 200ｄｐｉ以上とする。

二 階調 電子化文書は赤、緑、青の各色256 階調(24 ビット/ピクセル)とする。

(出力装置の設定)

第10 条 出力装置の設定は、次の各号に定めるところによる。

ただし、一般書類については、第2号及び第3号の階調及び印刷装置をグレースケール以上の能力を持つ表示装置及びプリントできる印刷装置としてもこれを認める。

一 表示装置のサイズ 14 インチ以上の表示装置とする。

二 表示装置の階調 赤、緑、青の各色256 階調(24 ビット/ピクセル)以上の能力を持つ表示装置とする。

三 印刷装置の解像度及び階調 印刷装置はカラープリントできるものとする。

第5章 スキャニングの手順等

(書類の受領)

第11 条 取引先から請求書を受領した営業責任者は、納品書及び検収報告書との照合を行い内容に誤りがないことを確認した後に、請求書を経理責任者に引き継ぐ。

2 取引先から納品書を受領した営業責任者は、注文書(控)及び納品された現物を確認した後に、納品書を経理責任者に引き継ぐ。

3 見積書を作成した営業責任者は、その控えを経理責任者に引き継ぐ。

4 取引先から注文書を受領した営業責任者は、出荷指示書を作成し、商品を出荷した後に、注文書及び出荷指示書を経理責任者へ引き継ぐ。

(仕訳伝票等の整理)

第12 条 経理責任者は、回付された請求書に基づき決済手続、仕訳伝票の整理、買掛帳の整理等を行った後に、作業担当者が請求書をスキャナ用ボックスに保管する。

2 作業担当者は、回付された納品書、見積書、注文書及び出荷指示書をそれぞれごとに分類し、スキャナ用ボックスに保管する。

(スキャニングの準備)

第13 条 作業担当者は、次の期日までにホチキス留めをはずし、折りたたみを広げスキャニングの準備を行う。

一 請求書 請求書受領後、5日以内

二 納品書 毎月末

三 見積書(控え) 1月から6月までに発行したものは7月末、7月から12 月までに発行したものは翌年1月末

四 注文書 1月から6月までに受領したものは7月末、7月から12 月までに受領したものは翌年1月末

2 作業担当者は、スキャニングする書類について、前項各号ごとに枚数及び対象年月を確認し、これを入力区分票に記載する。

(スキャニング処理)

第14 条 作業担当者は、本システムを活用し、スキャニング処理を実施する。

なお、帳票ごとに1ファイルにするとともに、裏面のスキャナ漏れがないよう留意する。

2 作業担当者は、スキャン枚数及びスキャン画像を目視にて確認する。

3 作業担当者は、正確にスキャニングされていることを確認した後に、画像(電子化文書)及びCSV(検索項目)をサーバに転送し、管理責任者にこれを引き継ぐ。

4 管理責任者は電子化文書の確認を速やかに行う。

5 管理責任者は、第7条第2項第1号に定めるタイムスタンプを付与し、本システムに登録する。

(電子化文書の保存)

第15 条 本システムにより電子化されたデータは、国税に関する法律の規定により保存しなければならないとされている期間まで保存する。

第6章 原本の廃棄等

(原本の廃棄)

第16 条 作業担当者は、スキャニング処理を了した原本について、管理責任者のチェックが完了するまでの間、一時保管する。

2 この管理責任者のチェックが完了した原本については、作業担当者が文書管理規程に基づき、これを廃棄し、その旨を管理責任者に連絡する。

3 管理責任者は、廃棄結果を記録する。

(電子化文書の消去)

第17 条 作業担当者は、保存期間が満了した電子化文書の一覧を作成し、管理責任者

に連絡する。

2 管理責任者は、保存期間が満了した電子化文書の一覧を基に、該当するデータの消去を行い、消去結果を記録する。

附則

(施行)

第18 条 この規程は、令和○年○月○日から施行する。

出典：電子帳簿保存法一問一答(スキャナ保存関係)Q54

図4.3 入力期間

事務処理規程を定めているか否か	入力期間
事務処理規程を定めていない場合	およそ7営業日以内
事務処理規程を定めている場合	最長2か月とおよそ7営業日以内

入力期間を誤って経過した場合の対応

誤って入力期間を経過した場合、スキャナ保存の要件を満たしていない電子データになるので、元の書類は紙のまま保存することになります。

入力期間経過後、スキャンミスが発見された場合の対応

上記の入力期間を経過後、スキャンミスが発見された場合はどのように対処すればいいでしょうか。スキャンミス等によって、該当する書面のスキャナ保存が不可能となるのは、合理的とはいえません。そこで、事務処理規程を定めていて、スキャンミスした書類と再度読み取りを行う書類の同一性が明らかである場合は、以下の3つの要件を満たせば、入力期間内に入力したものと扱われます。

1)当初の読み取りとタイムスタンプの付与が業務処理に係る通常の期間(最長2か月)とおよそ7営業日以内に行われている

2)スキャンミスを発見してから、再スキャンとタイムスタンプの付与が、業務処理に係る通常の期間(最長2か月)とおよそ7営業日以内に行われている

3)スキャンミスした電子データについても、読み取り直した電子データの旧ヴァージョンとして保存している

一定水準以上の解像度とは？

スキャニングについては、一般的なスキャナだけではなく、スマートフォンやデジタルカメラ等を使用した読み取りも認められます。スキャニングを行うのに際しては、解像度が規定されている水準を満たしていることに注意する必要があります。

図4.4 解像度

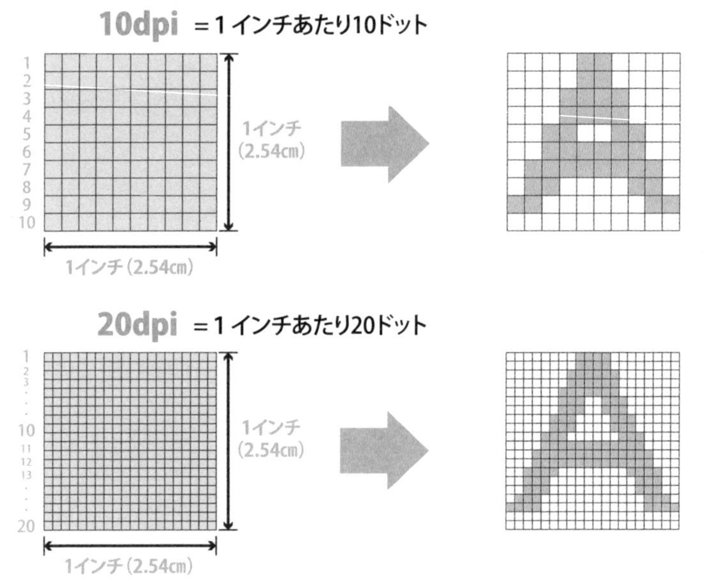

具体的に、スキャニング時の解像度は25.4ミリメートル(1インチ)当たり200ドット以上、階調は256階調(24ビットカラー)以上(一般書類は、白黒階調(グレースケール)での読み取りも認められます)と決められています。

図4.5　一定水準以上の解像度

項目	求められる水準
スキャニング時の解像度	25.4ミリメートル(1インチ)当たり200ドット以上
階調	256階調(24ビットカラー)以上 一般書類は、白黒階調（グレースケール）での読み取りも可

ハンドスキャナ、複合機等には「読取解像度」を設定できる機能がほとんどの機種に備わっています。「読取解像度」として、200dpi以上及び24ビットカラーの設定を登録し、その設定で必ずスキャニングすれば、要件を満たすことになります。

スマートフォンを利用する場合は、dpi(単位面積あたりのドット数)を取得することができません。別途A4サイズ相当の解像度約387万画素(縦2,338画素、横1,654画素) が要件になっているので、それぞれを満たす必要があります。階調について、スマートフォンで標準カメラアプリの設定を変えずに利用するのであれば、カラーでの撮影になるため、問題になることはほとんどないと考えられます。

図4.6　デバイスの設定

デバイス	求められる水準を満たすには
ハンドスキャナ、複合機等	200dpi以上及び24ビットカラーの設定
スマートフォン	A4サイズ相当の解像度約387万画素(縦2,338画素、横1,654画素) カラー撮影

大きさ情報の保存

受領者等が読み取る場合、国税関係書類の大きさがA4以下の場合、大きさに関する情報の保存は不要となります。このA4は日本産業規格の定めるもので、通常使用するコピー用等のサイズと同一です。A4は短辺が210㎜、長辺が297㎜ですが、±２㎜が許容されています。したがって、短辺が212㎜、長辺が299㎜の枠内に収まるものがA4以下の大きさの国税関係書類となります。

図4.7 大きさ情報が不要なサイズ

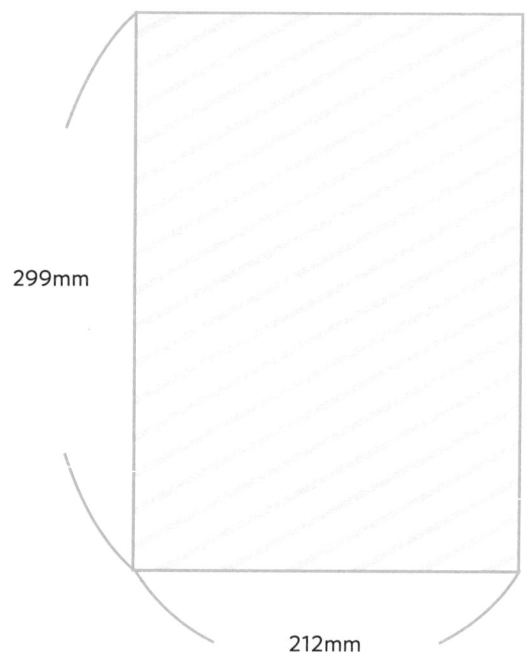

この枠内に収まれば、大きさ情報は不要です。

ずいぶん書類に関する情報が必要なんですね。

令和6（2024）年1月1日からは、解像度と階調情報の保存、大きさ情報の保存、入力者情報の確認が不要になるんだ。また、スキャン文書と帳簿の相互関係の保持も緩和されるから、少しは楽になるよ。

タイムスタンプの付与について

タイムスタンプについては、2-4節 POINTで説明しています。詳しい内容はそちらを参照してください。

タイムスタンプを付す単位は？

タイムスタンプを付す方法は、単ファイルごとに付す方法、複数ファイルにまとめて付す方法の2つが考えられます。複数ファイルに付すタイムスタンプについては、単ファイルのハッシュ値を束ねて階層化したうえでまとめてタイムスタンプを付す技術を使用すれば、改ざんされた単ファイルを特定することができるので、単ファイルごとにタイムスタンプを付すのと実質的に同じことになります。

この方法を用いれば、書類種別、部署ごとの電子データにまとめてタイムスタンプを付すことが認められます。

図4.8　タイムスタンプを付す方法

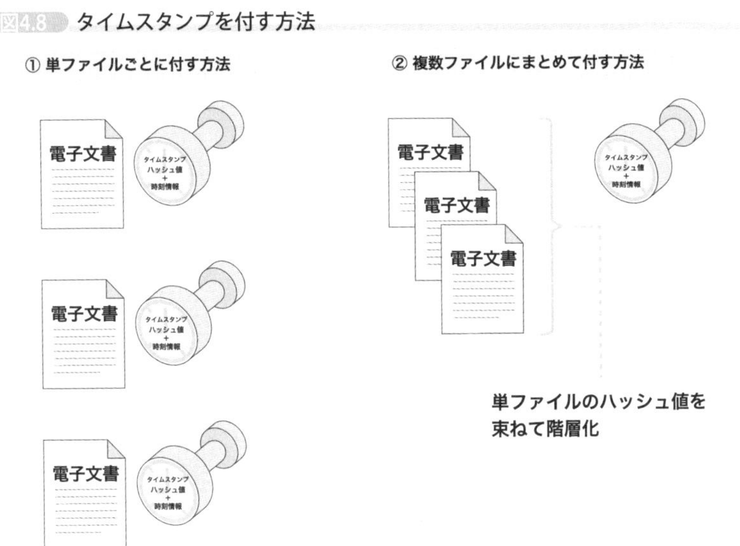

タイムスタンプを不要とするには

タイムスタンプを不要とするには、入力期間内に、紙書類の記録事項の入力が確認できる「時刻証明機能」を有するシステムの利用が必要になります。1)NTP(Network Time Protocol)サーバのようなネットワーク上で現在時刻を配信するサーバと同期し、2) 自社システムを使って時刻の改ざんのできない、他者が提供するクラウドサーバに保存を行うことにより、保存日時の証明が客観的に担保されている場合はタイムスタンプを不要とすることができます。

この場合も、ヴァージョン管理の要件を満たすシステムである等、スキャナ保存に係る他の要件を満たす必要があります。

図4.9 タイムスタンプを不要とできるシステム

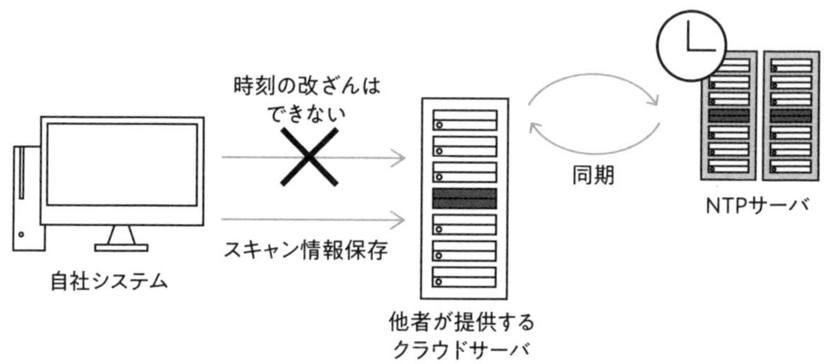

POINT

NTPサーバとは

NTPサーバとは、正しい時刻情報を取得し・配信するサーバのことです。時刻情報をサーバとクライアントとの間でやりとりする際に、TCP/IPネットワークを通じてNTP（Network Time Protocol）という通信プロトコルを使用して問い合わせることにより、コンピュータの内部時計を正しく設定することができます。

ヴァージョン管理

スキャナ保存における訂正、削除の履歴の確保は以下のような方法が可能です。

1. 訂正のために、相手方から新たに国税関係書類を受領しスキャナで読み取った場合は、新たな電子データとして保存する

2．電子データを訂正した場合、上書き保存されず、訂正した後の電子データが新たに保存される、また電子データを削除する場合、対象の電子データは削除されず、削除したという情報が新しく保存される

図4.10　訂正履歴確保の方法

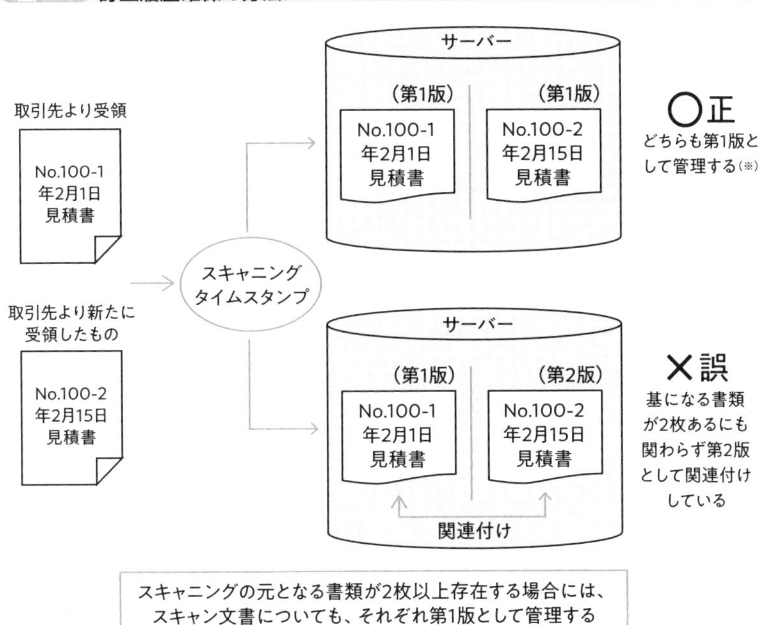

※どちらも第1版として管理することになるため、その後の処理を円滑に行う観点からは、旧見積書(2月1日付)の電子データの記録事項を削除フォルダに移して保存する等を行うことが望ましい。

出典：電子帳簿保存法一問一答(スキャナ保存関係)Q34

図4.11 更新処理の方法

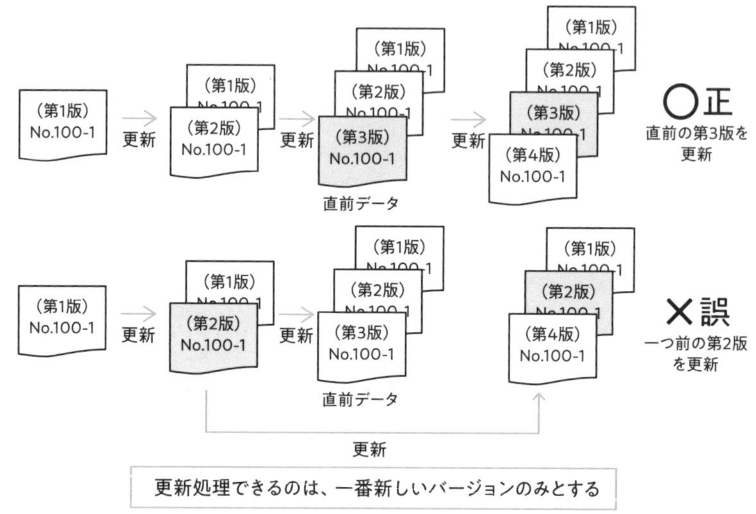

出典：電子帳簿保存法一問一答（スキャナ保存関係）Q34

図4.12 内容確認ができる

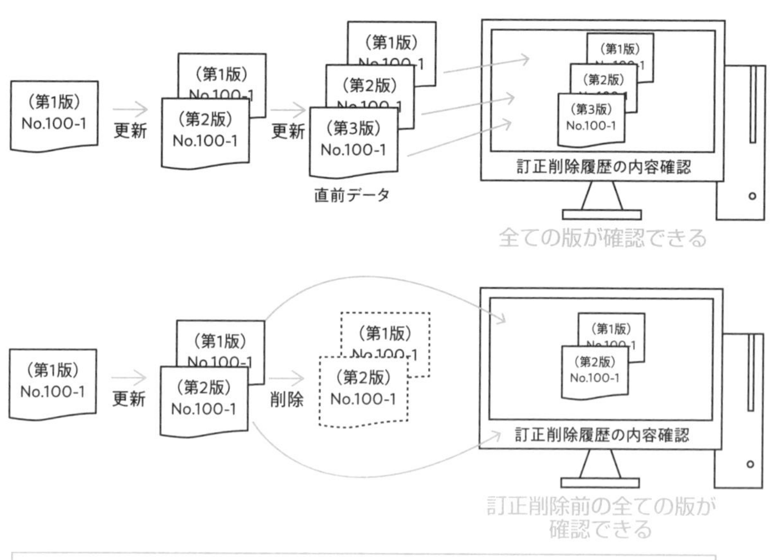

出典：電子帳簿保存法一問一答（スキャナ保存関係）Q34

ヴァージョン管理の要件を満たすシステムは？

ヴァージョン管理の要件を満たすシステムは、1)訂正、削除を行った事実と内容を確認できるシステム2)訂正、削除の行う事の出来ないシステムの2つになります。

2) 訂正、削除の行う事の出来ないシステムとは、画像データを全く変更できないシステムであり、かつ、保存されているデータが読み取り直後のデータであることを証明できるシステムが該当します。具体的には、他者であるクラウド事業者が提供するクラウドサービスにおいてスキャナ保存し、利用者側では訂正、削除できないクラウドシステムがあげられます。

入力者情報の確認

入力者情報として、「国税関係書類に係る記録事項の入力を行う者または、その者を直接監督する者に関する情報を確認することができるようにしておくこと」とされています。

上記の「国税関係書類に係る記録事項の入力を行う者」は、単にスキャニングした際に正しく読み取れたか確認した者ではなく、スキャナで読み取った画像が該当する国税関係書類と同等であることを確認する入力作業をした者を指します。また、「その者を直接監督する者」は、スキャナ作業を直接指揮監督するという形で当該作業に係わっている者を意味します。例えば、入力を行う者を直接監督する責任者が営業部長であり、書類の最終決裁権者が経理部長である場合、経理部長は入力を行う者を直接監督する者に該当しないので、「その者を直接監督する者」に当たりません。

入力作業を外部に委託した場合、委託先における入力を行う者または、その者を直接監督する者の情報を確認する必要があります。

これらの者が特定できるように事業者名、役職名、所属部署名、氏名などの身分を明らかにするものを電子データあるいは書面で確認することができるようにしておくことが求められています。

また、上記情報の確認ができるのであれば、電子署名を行う方法も認められます。

図4.13 入力者情報

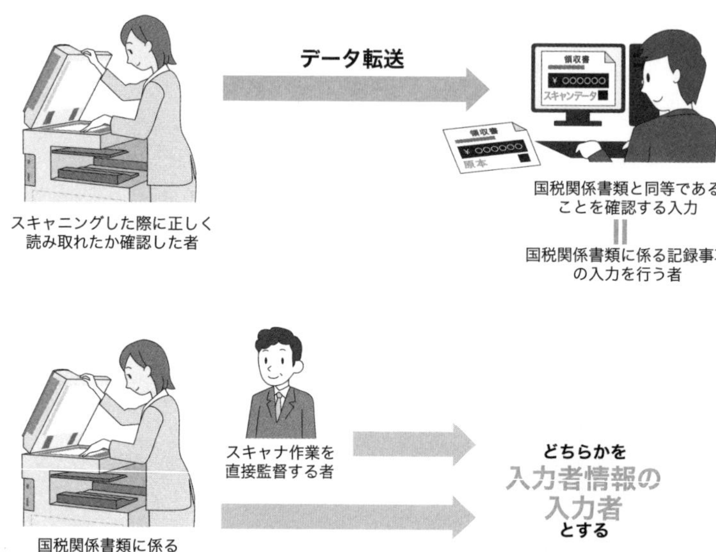

POINT

電子署名とは

電子署名とは、契約書などをデータ化したものに対して行う署名です。電子署名を行うことで、1)改ざんが行われていないこと2)署名を行った者が本人であることを示すことができます。

図4.14 認証のしくみ(公開鍵暗号方式)

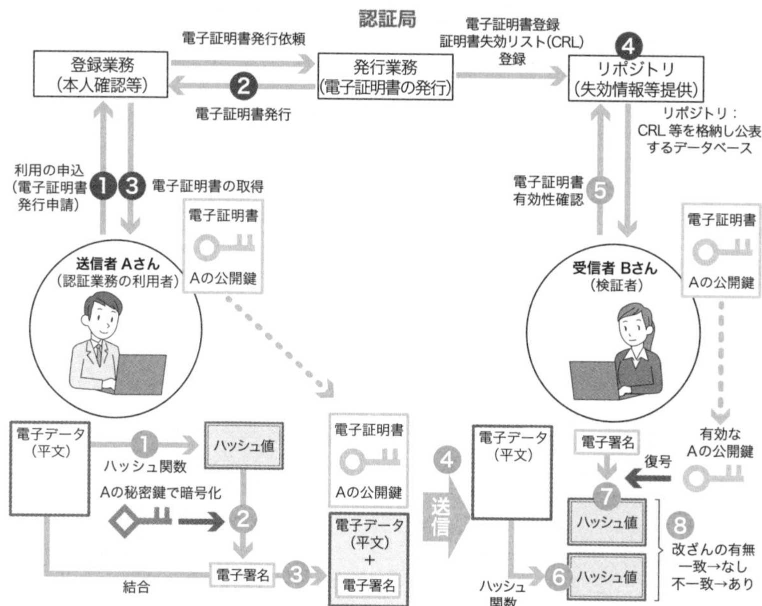

ハッシュ関数：文字や数字などのデータ(入力値)を一定の長さのデータ(出力値)に変換する関数

上段：電子証明書の発行処理及び認証局の働き

❶ Aさんは、認証局に電子証明書の利用を申し込む。
❷ 認証局は、Aさんの本人確認、秘密鍵と公開鍵の対応付けの確認などを行ったのち、Aさんが登録した公開鍵の電子証明書を発行する。
❸ Aさんは、認証局から電子証明書を受理する。
❹ 認証局は、発行した電子証明書が何らかの理由により失効された場合、その情報をリポジトリに掲載する。

下段：電子証明書を利用しての電子データの安全な送信方法

① 送信者Aさんは、電子データをハッシュ関数により変換してハッシュ値(メッセージダイジェストともいう)を生成する。
② このハッシュ値を電子証明書で証明されている公開鍵に対応する秘密鍵で暗号化する(この行為を「電子署名」という)。
③ 電子データ(平文)と電子署名を結合し、④電子証明書とともに受信者Bさんへ送信する。
⑤ 受信者Bさんは、電子証明書が失効されていないかなど電子証明書の有効性を確認する。
⑥ 受信したデータを電子データ(平文)と電子署名に分け、電子データ(平文)から送信者Aさんと同じハッシュ関数を用いてハッシュ値を生成する。
⑦ 電子署名をAさんの公開鍵を用いて復号し、ハッシュ値を取得する。
⑧ ⑥と⑦で得たハッシュ値を比較し、一致していれば、電子データが途中で改ざんされていないこと、並びにAさんからの電子データであることが確認できたことになる

出典：https://www.soumu.go.jp/main_sosiki/joho_tsusin/top/ninshou-law/pdf/090611_1.pdf

入力するだけで、こんなに要件があるんですね。要件を守れるように、社内的な仕組みを作るのが大変そうです。

4-3

出力の要件は？

何とか読めれば問題はないの？

- 出力には以下の要件があります。
- ・見読可能性の確保
- ・整然明瞭な出力

出力に「見読可能性の確保」という要件がありますが、単純に画面に映し出せればいいんですよね。

出力に対しても厳格な要件があるんだ。具体的には4ポイントの文字が読み取れなければならないんだよ。

スキャン文書と帳簿の相互関連性の確保

国税関係書類の電子データと関連する国税関係帳簿との間で相互関連性を確保する必要があります。直接帳簿との関連性を持たない国税関係書類を含め、**原則として全ての国税関係書類は、紙で国税関係書類を保管する場合と同じ様な方法等で、関連性を確認することができるようにする必要があります。**国税関係書類の電子データは国税関係帳簿の記録事項と必ずしも1対1の対応関係である必要はありません。また、帳簿作成の後にスキャナで読み取ることも想定されるため、何らかの方法で関連性が確認できる場合、帳簿への相互関連性確保のための項目の記載は不要です。

取引案件番号等により相互関連性を確保する場合は、その番号が付替、統合、分割されても、関係が明らかになるようにする必要があります。

結果的に取引に至らなかった見積書など帳簿と関連性のない書類も、帳簿と関連性のない書類であることを確認できる必要があります。例えば、通常の取引では使用されない取引案件番号等を使用し、抽出できるようにして、国税関係書類の内容を確認できる必要があります。

（令和6（2024）年1月1日以後に保存が行われる国税関係書類について、「スキャン文書と帳簿の相互関連性の確保」の要件は契約書・領収書等の重要書類だけに限定されます）

見読可能性の確保

スキャナ保存した電子データの見読可能性を確保するため、国税関係書類に係る電子データの保存をする場所に1)電子データの処理のできるPC等、2)アプリケーション、3) 14インチ以上のカラーディスプレイ、4)カラープリンタ、5)これらの操作説明書を備え付け、電子記録をカラーディスプレイの画面と書面に出力できるようにする必要があります。

出力の要件

カラーディスプレイの画面と書面への出力は以下の要件を満たす必要があります。

①整然とした形式であること
②該当する国税関係書類と同程度に明瞭
③拡大又は縮小して出力することが可能
④日本産業規格Ｚ8305に規定する4ポイントの大きさの文字を認識することができる

図4.15 ポイント

単位 mm

種類（ポイント）	大きさ	大きさの許容範囲（10本につき）	種類（ポイント）	大きさ	大きさの許容範囲（10本につき）
3	1.054	±0.010	14	4.920	±0.050
3.5	1.230	±0.010	15.75	5.535	±0.055
3.9375	1.384	±0.015	16	5.622	±0.055
4	1.406	±0.015	18	6.325	±0.065
4.5	1.581	±0.015	20	7.028	±0.070
5	1.757	±0.015	21	7.379	±0.075
5.25	1.845	±0.020	24	8.434	±0.085
6	2.108	±0.020	26.25	9.224	±0.090
7	2.460	±0.025	28	9.839	±0.10
7.875	2.767	±0.025	32	11.24	±0.11
8	2.811	±0.030	36	12.65	±0.13
9	3.163	±0.030	40	14.06	±0.14
10	3.514	±0.035	42	14.76	±0.15
10.5	3.690	±0.035			
12	4.217	±0.040			
13.125	4.612	±0.045			

出典：日本工業規格「活字の基準寸法」

POINT

ポイントとは

ポイントとは文字や図形のサイズを表す単位です。 アルファベットで「pt」と表記され、出版や印刷などで主に文字サイズを表す際に使用されます。

日本産業規格では1ポイントを0.3514mmと定めています。

図4.16　4pt

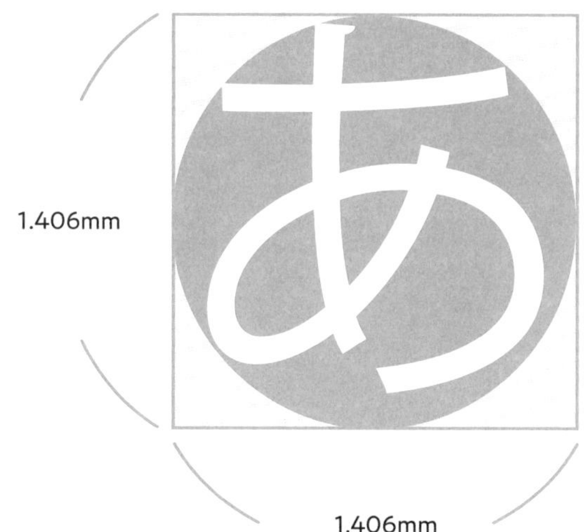

「拡大又は縮小して出力することが可能」とは？

拡大については、ディスプレイと書面に書類の一部分を拡大して出力することができれば要件を満たします。拡大に合わせて、サイズの大きな用紙に記録事項の全てを印刷する必要はありません。また、小さな書類を出力する場合、プリンタと用紙サイズの許す範囲で拡大し、大きな書類の場合は、縮小して記録事項の全てを出力できれば問題ありません。

認識できる大きさの文字はどのくらいのサイズか

出力要件である「4ポイントの大きさの文字を認識できること」を確かめる方法のひとつに、JIS X6933に準拠したテストチャートをテストに用いる方法があります。JIS X6933に準拠したテストチャートを入力し、カラーディスプレイの画面、カラープリンタに出力した書面を確認して調整を行う場合、JIS X6933における４ポイントの文字とISO図形言語が100パーセント認識できる設定で入力する必要があります。

図4.17 テストチャート

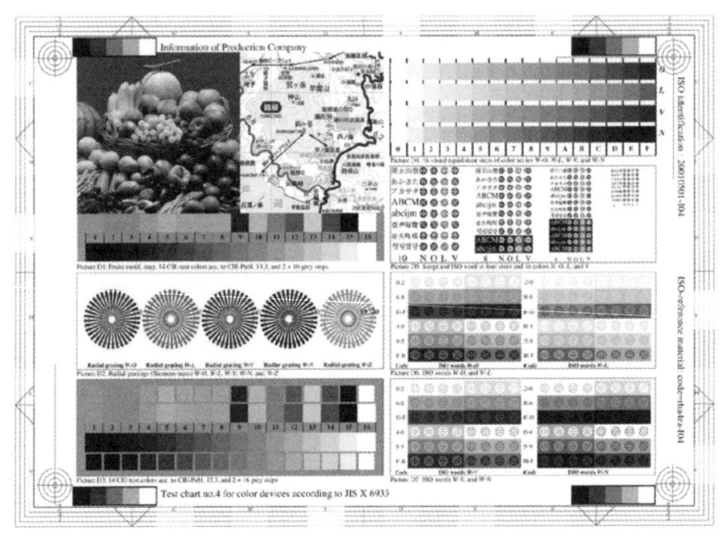

出典：https://iso.jbmia.or.jp/test_c.html

４ポイントの大きさの文字が認識できる解像度等の設定が困難な場合、読取解像度が200dpi以上、赤・緑・青それぞれ256階調以上で入力していれば、4ポイントの大きさの文字が認識できるものとされます。

出力については、いい加減に済ませず、一度JIS X6933に準拠したテストチャートを使って、4ポイントの大きさの文字を認識できるか確かめてみます。

4-4

検索機能はどのようなものが必要？

日付、金額での検索は必須？

- スキャナ保存したデータで保存するには以下の検索機能を確保する必要があります。
- 検索項目が「電子取引」「電子帳簿等」と異なります。
- ❶検索条件として、取引年月日、その他の日付、取引金額、取引先を設定できる
- ❷範囲を指定して、日付または金額は条件を設定できる
- ❸二つ以上の項目を組み合わせて、条件を設定することができる

検索はこれまでの電子取引や電子帳簿などといっしょですよね。

ほとんど同じなんだけれど、検索するのに使う検索項目が少し違うんだ。

データ検索機能の確保

電子取引の取引情報を電子データで保存するには以下の検索機能を確保する必要があります。

❶検索条件として、取引年月日、その他の日付、取引金額、取引先を設定できる
❷範囲を指定して、日付または金額は条件を設定できる
❸二つ以上の項目を組み合わせて、条件を設定することができる

スキャナ保存における検索項目については、国税関係書類の区分に応じ、それぞれ次の記録項目がこれに該当します。

⑴ 領収書 領収年月日、領収金額、取引先名称

⑵ 請求書 請求年月日、請求金額、取引先名称
⑶ 納品書 納品年月日、取引先名称
⑷ 注文書 注文年月日、注文金額、取引先名称
⑸ 見積書 見積年月日、見積金額、取引先名称

スキャナで読み取った画像データをテキスト化することができない場合の対応

スキャナで読み取った画像データをテキスト化して保存できる機能などが備わっていない場合は、スキャナで読み取った国税関係書類に係る取引年月日その他の日付、取引金額及び取引先をファイル名などに手入力等して、検索の条件として設定できるようにする必要があります。

スキャナで読み取った画像データをテキスト化するには、テキスト部分を認識し、文字データに変換する光学文字認識技術OCRを使用します。

POINT

OCRとは

OCRは、Optical Character Reader（またはRecognition）の略です。スキャナやデジタルカメラで作られた画像データに記載された文字部分を認識し、デジタル上で扱える文字データに変換する技術のことをいいます。

OCRを使えば、スキャナで読み取った画像データをテキスト化することができます。

図4.18 OCR

電子データについて、税務職員による質問検査権に基づくダウンロードに応じることができる場合は、❷❸の機能は不要となります。「ダウンロードに応じること」とは、当該職員の求めの全てに応じた場合をさし、その求めに一部でも応じない場合、この規定の適用は受けられません。

税務職員による質問検査権に基づくダウンロードに対応するには、何が必要か

保存している電子データを、CSV形式など通常出力できると考えられるファイル形式等で提供する必要があります。

税務職員が出力可能な形式を指定して、ダウンロードを求めたにもかかわらず、検索性等に劣るそれ以外の形式で提出された場合には、そのダウンロードの求めに応じることができないことになります。

また、税務署職員が要求する電子データを短時間で提供できるようにしている場合、電子データを保存した記憶媒体の提示・提出は含まれていませんが、その記憶媒体が、税務調査の確認対象となる場合もあります。

一覧表を作成し、検索機能を確保する方法も可能

一覧表を作成し、索引簿方式によって検索機能を確保することも可能です(2-4節を参照して下さい)。

さらに、「スキャナ保存の電子データ」と「電子取引の取引情報に係る電子データの保存」について、共通の索引簿や保存システムを使用しても、検索により探し出された記録事項だけが整然とした形式と明瞭な状態で出力されれば、問題ありません。

スキャナ保存と電子取引に係る取引情報に係る電子データの保存について、同じ索引簿や保存システムを使用できるのは、便利ですね。

4-5

一般書類・過去分重要書類の取扱いはどうすればよいのか

過去のものもスキャナ保存ができる？

- 一般書類はスキャナ保存における要件が一部緩和されています。
- ❶一般書類は入力期間の制限なく入力できる
- ❷タイムスタンプは正しく読み取られていることを確認した都度の付与でも大丈夫

スキャナ保存するには、ずいぶん厳しい要件をクリアしなければいけないんですね。

今までの話は、重要書類の話だよ。一般書類の場合、入力期間の制限やタイムスタンプの要件が少し緩くなるんだ。

一般書類の扱いは？

4-1節で説明した「入力期間の制限」「大きさ情報の保存」以外の要件を満たした電子データの保存とあわせて、事務の手続を明らかにした書類で責任者が定められているものを備えつければ、適時の入力によるスキャナ保存を行うことができます(カラー画像ではなく、グレースケールでの保存も可)。

国税庁の公表している「電子帳簿保存法一問一答(スキャナ保存関係)」では、「事務の手続を明らかにした書類」を例示しています。

以下にその内容を示します。

事務の手続を明らかにした書類の例

国税関係書類に係る電子計算機処理に関する事務の
手続を明らかにした書類

（書類の受領）

1 営業責任者は、作成または受領した以下の書類について、経理責任者に引き継ぐ。

⑴ 取引先から請求書を受領した営業責任者は、請求書を経理責任者に引き継ぐ。

⑵ 取引先から納品書を受領した営業責任者は、納品書を経理責任者に引き継ぐ。

⑶ 見積書を作成した営業責任者は、その控えを経理責任者に引き継ぐ。

⑷ 取引先から注文書を受領した営業責任者は、出荷指示書を作成し、商品を出荷した後に、注文書及び出荷指示書を経理責任者へ引き継ぐ。

（スキャニングの準備）

2 作業担当者は、次の期日までにスキャニングの準備を行う。

⑴ 請求書 請求書受領後、5日以内

⑵ 納品書 毎月末

⑶ 見積書（控え） 1月から6月までに発行したものは7月末

7月から12 月までに発行したものは翌年1月末

⑷ 注文書 1月から6月までに受領したものは7月末

7月から12 月までに受領したものは翌年1月末

（スキャニング処理）

3 作業担当者は、××社製△△システムを活用し、スキャニング処理を実施する。

（管理責任者の確認）

4 作業担当者は、正確にスキャニングされていることを確認した後に、画像（電子化文書）及びＣＳＶ（検索項目）をサーバに転送し、管理責任者にこれを引き継ぐ。管理責任者は電子化文書と原本の確認を速やかに行う。

（タイムスタンプの付与）

5 管理責任者は、□□株式会社のタイムスタンプを付与し、本システムに登録する。

（電子化文書の保存）

6 本システムにより電子化されたデータは、国税に関する法律の規定により保存しなければならないとされている期間まで保存する。

出典：電子帳簿保存法一問一答（スキャナ保存関係）Q54

また、一般書類については平成17年国税庁告示第４号で告示されています。

具体的には、次の書類が入力期間の制限なく適時に入力することができます。

1. 保険契約申込書、電話加入契約申込書、クレジットカード発行申込書のように別途定型的な約款があらかじめ定められている契約申込書
2. 口座振替依頼書
3. 棚卸資産を購入した者が作成する検収書、商品受取書
4. 注文書、見積書及びそれらの写し
5. 自己が作成した納品書の写し

一般書類のタイムスタンプは、①か②のタイミングで付すこととなります。

①作成又は受領後、およそ７営業日以内（事務処理規程を定めている場合には、その業務の処理に係る通常の期間（最長２か月）を経過した後およそ７営業日以内）
②（①の期間を過ぎたものについては）正しく読み取られていることを確認した都度

また、一般書類は他の要件を満たせば、スキャナ保存を開始する以前の過去において受領等した書類をスキャナ保存することもできます。

過去分重要書類のスキャナ保存

スキャナ保存を開始した日より前に作成・受領した重要書類（過去分重要書類）は、あらかじめ、適用届出書を所轄税務署長等に提出することで、入力期間の制限を除いて、4−1節の重要書類の要件を満たせば、スキャナ保存をすることができます（令和4(2022)年1月1日以後にスキャナ保存を行う場合）。

この場合、電子データの保存とあわせて、事務の手続を明らかにした書類で責任者が定められているものを備えているものを備え付ける必要

があります(「事務の手続を明らかにした書類」については、上記一般書類を参照してください)。

過去分重要書類のスキャナ保存については入力期間の制限はないので、長期間(数か月間)でスキャナ保存の入力作業を行うこともできます。

ただし、過去に同一種類の過去分重要書類に係る適用届出書を提出している場合、再度、適用届出書を提出することはできません。

図4.19　国税関係書類の電磁的記録によるスキャナ保存の適用届出書(過去分重要書類)

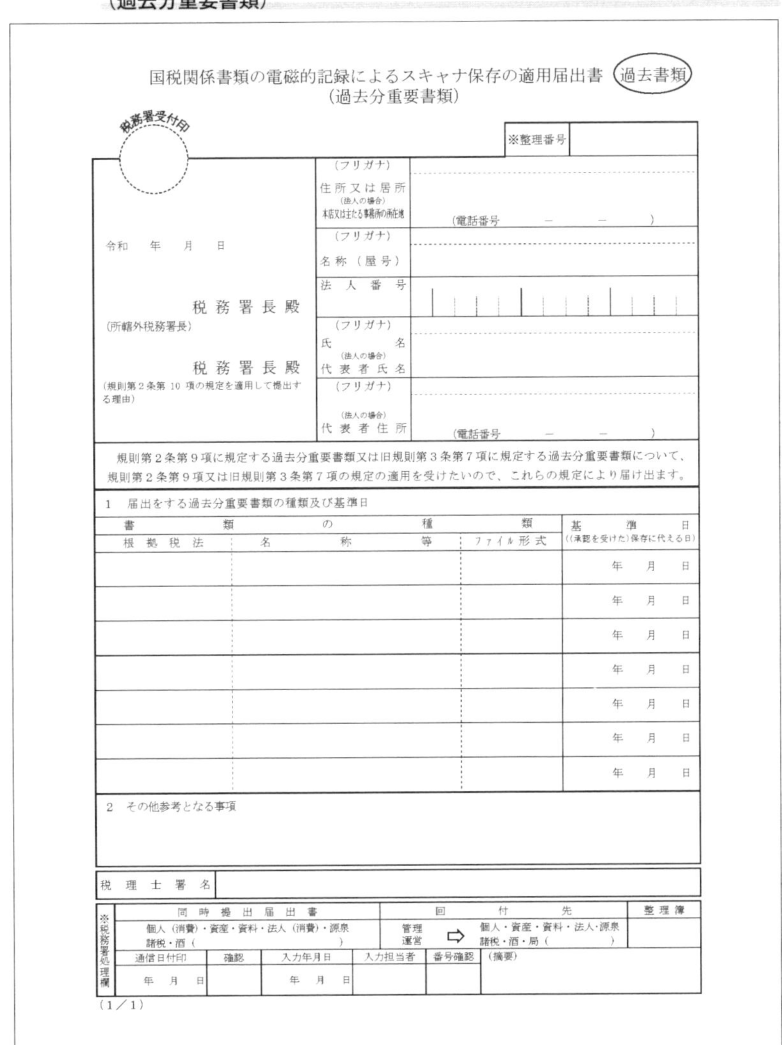

国税関係書類の電磁的記録によるスキャナ保存の適用届出書　過去書類
(過去分重要書類)

税務署受付印

	※整理番号	
	(フリガナ) 住所又は居所 (法人の場合) 本店又は主たる事務所の所在地	(電話番号　　－　　－　　)
令和　年　月　日	(フリガナ) 名称(屋号)	
	法人番号	
税務署長殿 (所轄外税務署長)	(フリガナ) 氏名 (法人の場合) 代表者氏名	
税務署長殿 (規則第２条第10項の規定を適用して提出する理由)	(フリガナ) (法人の場合) 代表者住所	(電話番号　　－　　－　　)

規則第２条第９項に規定する過去分重要書類又は旧規則第３条第７項に規定する過去分重要書類について、規則第２条第９項又は旧規則第３条第７項の規定の適用を受けたいので、これらの規定により届け出ます。

1　届出をする過去分重要書類の種類及び基準日

書類の種類			基準日
根拠税法	名称等	ファイル形式	((承認を受けた)保存に代える日)
			年　月　日
			年　月　日
			年　月　日
			年　月　日
			年　月　日
			年　月　日
			年　月　日

2　その他参考となる事項

税理士署名	

※税務署処理欄	同時提出届出書			回付先		整理簿
	個人(消費)・資産・資料・法人(消費)・源泉 諸税・酒(　　)			管理 運営　⇨	個人・資産・資料・法人・源泉 諸税・酒・局(　　)	
	通信日付印	確認	入力年月日	入力担当者	番号確認	(摘要)
	年　月　日		年　月　日			

(1／1)

一般書類はスキャナ保存の要件が緩やかなんですね。届出だけで過去分のスキャナ保存ができるとなると、書庫においている膨大な書類も電子データで保存することを提案してみます。

第5章 適格請求書等保存方式との関連

令和5(2023)年10月1日から始まる適格請求書等保存方式(インボイス制度)は、事業者が納める消費税額の計算に関する新しいルールです。

インボイス制度が始まると、消費税の仕入税額控除には、原則として適格請求書等の保存が必要になります。また、適格請求書等を交付するためには、事前に登録申請を行わなければなりません。

インボイス制度では適格請求書を電子データで保存することが認められています。

この章では、インボイス制度に合わせて、適格請求書を電子データで交付し保存するためには、どのような対応が必要かについて、簡単に説明します。

5-1

適格請求書等保存方式の概要

- インボイス制度開始によって、以下の点が変更になります。
- ❶消費税の仕入税額控除の適用を受けるために、適格請求書等の保存が必要になる
- ❷適格請求書等は、登録を受けた事業者以外交付できない
- ❸適格請求書等の受領、未受領によって納付する消費税額が変わってくる
- ❹適格請求書発行事業者になると、消費税の課税事業者になる

書店に行くと、電子帳簿保存法とインボイス制度という本がたくさんありますね。2つの制度は関係があるんですか。

電子帳簿保存法とインボイス制度に直接関係はないけれど、インボイス制度では適格請求書を電子データで保存することができるんだ。一度に合わせて対応した方が合理的という事だね。

インボイス制度とは

この節では、インボイス制度について、概要を説明します。インボイス制度の内容をよくご存知の方は、この節は飛ばしていただいて構いません。

令和5年(2023年)10月1日から始まるインボイス制度は、事業者が納める消費税額の計算に関する新しいルールです。インボイス制度が開始すると、消費税の仕入税額控除の適用を受けるために、原則として適格請求書等の保存が必要になります。また、適格請求書を交付するためには、登録申請を行い、適格請求書発行事業者にならなければなりません。適格請求書発行事業者は、消費税の課税事業者になります。

通常、消費税の納付額は「売上時に預かった消費税から仕入や経費で支払った消費税を差し引いて」計算します。

図5.1　消費税額の計算方法

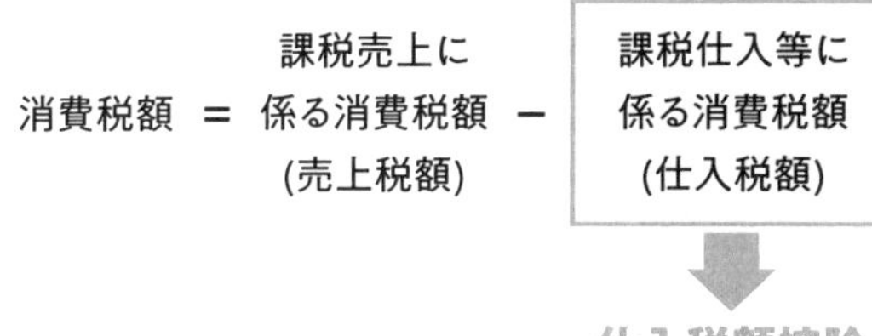

例）
小売業者であるA商店が卸売業者から、77,000円（うち消費税7,000円）の商品を仕入れ、一般消費者に110,000円（うち消費税10,000円）で売った場合

今までだと、A商店が納付しなければならない消費税は売上税額10,000円から仕入税額7,000円を控除した3,000円でした。

図5.2　今までの消費税額の計算例

A商店		
売上	100,000円	
消費税	10,000円	①
仕入	70,000円	
消費税	7,000円	②

消費税額の計算　売上税額10,000円①−仕入税額7,000円② =**3,000円**

インボイス制度開始後は適格請求書以外の請求書では、消費税の仕入税額控除ができなくなります。先ほどの例で仕入金額77,000円(うち消費税7,000円)のうち、適格請求書を受領したものが、55,000円(うち消費税5,000円)、適格請求書を受領していなかったものが、22,000円(うち消費税2,000円)であったとします。

この場合、適格請求書を受領していなかった2,000円については、仕入や経費にかかった消費税として、差し引くことができません。そのため、消費税額は、以下になります。

10,000円-5,000円=5,000円

図5.3 インボイス制度開始後の消費税額の計算例

A商店		
売上	100,000円	
消費税	10,000円	①
仕入	70,000円	
(適格請求書のあるもの	50,000円)	
(適格請求書のないもの	20,000円)	
消費税	7,000円	
(適格請求書のあるもの	5,000円)	②
(適格請求書のないもの	2,000円)	

消費税額の計算　売上税額10,000円①－仕入税額5,000円②=**5,000円**

適格請求書のない2,000円が控除できなくなり、
納付する消費税が増加する

上記の例で示したように、適格請求書等を受領し、保存しないと、仕入や経費に掛かった消費税として、差し引くことができなくなるのが、インボイス制度の開始で大きく変わる点です。

図5.4 仕入税額控除の要件

	～令和5年9月 **【区分記載請求書等保存方式】**	令和5年10月～ **【適格請求書等保存方式】** **（インボイス制度）**
帳簿	一定の事項が記載された 帳簿の保存	区分記載請求書等保存方式 と同様
請求書等	区分記載請求書等 の保存	**適格請求書**(インボイス)等 の保存

ここが変わります

出典：国税庁「適格請求書等保存方式の概要-インボイス制度の理解のために-」

インボイス制度が開始されたら、消費税で仕入税額控除するために、適格請求書等を必ず受領するように注意しなければならないということですね。

5-2

インボイス制度で保存すべきデータは？

インボイス制度では、以下を行う必要があります。

・発行した適格請求書等の写しまたはその電子データを、最低でも7年間保存しなければならない

・仕入税額控除を受けるには、受領した適格請求書等またはその電子データを、最低でも7年間保存しなければならない

適格請求書は写しを保存しないといけないんですか？

最低でも7年は保存する必要があるね。電子データでの保存も認められているから、将来を考えれば、電子データで保存することを考えた方がいいかもしれない。

適格請求書はどんな請求書

適格請求書について、様式は法令又は通達等でも定められていません。

必要な事項が記載されたものであれば、請求書、レシートなど、名称は問いません。また、手書きであっても適格請求書に該当します。

記載が必要なのは次の6項目です。

①事業者の氏名又は名称及び登録番号
②取引年月日
③取引内容(軽減税率の対象項目である旨)
④税率ごとに区分して合計した対価の額(税抜き又は税込み)及び適用税率
⑤税率ごとに区分した消費税額等
⑥書類の交付を受ける事業者の氏名又は名称

また、国税庁の公表している「適格請求書等保存方式の概要-インボイス制度の理解のために-」には、適格請求書の記載例が掲載されています。

図5.5　適格請求書の記載例

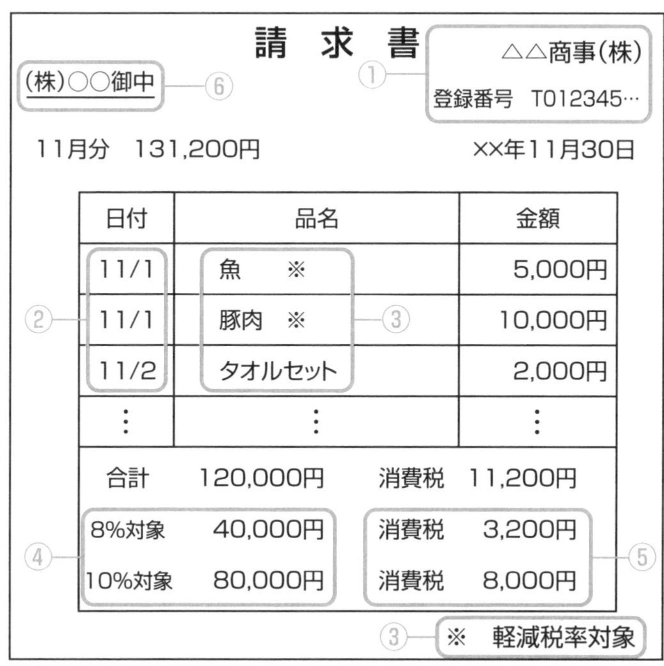

請　求　書

(株)○○御中　⑥

① △△商事(株)
登録番号　T012345…

11月分　131,200円

××年11月30日

日付	品名	金額
11/1	魚　※	5,000円
11/1	豚肉　※	10,000円
11/2	タオルセット	2,000円
⋮	⋮	⋮

② ③

合計　120,000円　消費税　11,200円

④ 8%対象　40,000円　消費税　3,200円 ⑤
10%対象　80,000円　消費税　8,000円

③ ※　軽減税率対象

出典：国税庁「適格請求書等保存方式の概要-インボイス制度の理解のために-」

 発行した適格請求書の写し又は電子データを保存する義務

適格請求書発行事業者は、交付した適格請求書の写し、または提供した適格請求書の電子データを保存しなければなりません。

適格請求書の写しや電子データは、適格請求書を交付した日又は電子データを提供した日が属する課税期間の末日の翌日から２月を経過した日から７年間、事務所などに保存しなければなりません。

保存期間については、適格簡易請求書、適格返還請求書、修正した適格請求書についても同じです。

図5.6 適格請求書の保存期間

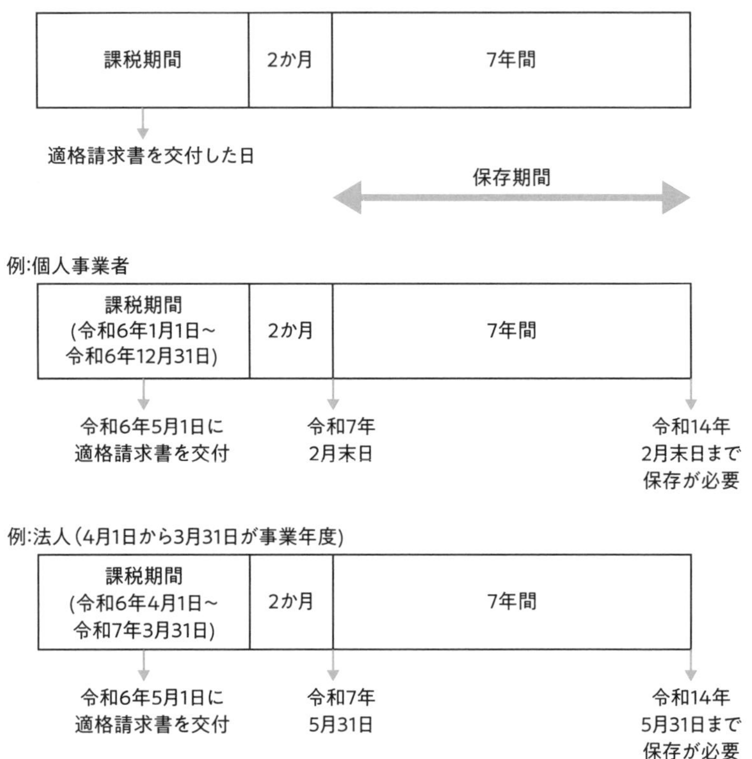

適格請求書の保存期間は「適格請求書を交付した日又は電子データを提供した日が属する課税期間の末日の翌日から２月を経過した日から７年間」となっています。わかりづらいので、上記の例にしたがって説明します。

個人事業者が、令和6(2024)年5月1日に適格請求書を交付した場合を考えます。個人事業者の課税期間は暦年ですので、課税期間の末日は令和6(2024)年12月31日になります。また、消費税の納付期限は2か月以内ですので、納付期限は令和7(2025)年2月末日です。適格請求書はこの日から7年間、つまり、令和14(2032)年2月末日まで保存しなければならないことになります。

法人は事業年度が課税期間になります。それ以外は、上記の個人事業者と同じです。

受領した適格請求書又は電子データを保存する義務

適格請求書等保存方式が開始すると、仕入税額控除を受けるには、原則として、一定の事項を記載した帳簿と適格請求書などの請求書等の保存が必要になります。保存期間は、課税期間の末日の翌日から２月を経過した日から７年間です。

個人事業者の保存期間、法人の保存期間は交付と受領の違いはありますが、上記の発行した適格請求書の保存期間と同じです。

最低でも7年間保存するとなると、場所も取って大変ですね。電子データで保存することを考えてみたいと思います。

5-3

電子インボイスとは？

発行する適格請求書を電子データで交付し保存するためには、どのような対応が必要か

適格請求書を電子データで作成した場合は、以下の要件を満たせば、電子データで保存することができます。
❶PC等で適格請求書等を作成し、紙で交付した場合は、「国税関係書類」の保存要件を満たす必要がある
❷PC等で適格請求書等を作成し、電子データで提供した場合は、「電子取引」の保存要件を満たす必要がある

最近、電子インボイスという言葉を聞くようになりました。どんな意味なんですか。

電子データで作成した適格請求書のことだね。電子データで適格請求書を受渡できれば、インボイス制度も円滑に実施されると考えられているんだ。

発行する適格請求書の電子データによる保存

適格請求書は電子帳簿保存法に基づいて、電子データによる保存を行うこともできます。自らPC等を用いて、適格請求書を作成して発行した場合、電子データで保存する要件は、国税関係書類の電子データ保存の要件と同じです(3-1節を参照してください)。

具体的には以下の要件を満たす必要があります。

① 関係書類等の備付け
電子データの保存に合わせて、システム関係書類等(システム概要書、システム仕様書、操作説明書、事務処理マニュアル等)を備え付ける。
② 見読可能性の確保

データの保存場所に、適格請求書の電子データを処理できるPC、アプリケーション、ディスプレイ、プリンタ、これらの操作説明書を設置し、適格請求書の電子データをディスプレイの画面と書面に、はっきりわかる形で、すぐに出力できるようにする。

③ 税務調査でのダウンロードの求め
国税に関する法律の規定による適格請求書の電子データの提示または提出ができるようにする。または、適格請求書の電子データについて、次の検索機能を確保する。
・取引年月日、その他の日付を検索条件として設定できる
・日付に係る記録項目は、その範囲を指定して条件を設定することができる

また、適格請求書発行事業者が適格請求書の電子データを相手方に提供し、その電子データをそのまま保存しようとする場合、**電子データで保存する要件は、電子取引データの保存に必要な条件と同じです。**(2-3節以降を参照してください)。

具体的には以下の要件を満たす必要があります。

① 改ざん防止措置
次の(1)から(4)のいずれかの措置を行う。
(1)電子データを提供する前にタイムスタンプを付す。
(2)次のどれかの方法で、タイムスタンプを付し、その電子データの保存を行う者又はその者を直接監督する者に関する情報を確認できるようにする。
・適格請求書の電子データの提供後、すぐにタイムスタンプを付す。
・適格請求書の電子データの提供からタイムスタンプを付すまでに事務の処理がある場合、事務処理に要する期間を経過した後、すぐにタイムスタンプを付す。
(3)適格請求書の電子データについて、次のいずれかの要件を満たすPC等を使用して電子データを提供し、その電子データを保存する。
・訂正又は削除を行った場合には、その事実及び内容を確認することができる
・訂正又は削除することができない
(4)適格請求書の電子データの記録事項について正当な理由がない訂正及び削

除の防止について、規程等を定め、その規程等に沿った運用を行い、電子データの保存とこの規程等を備えつける。

② 関係書類等の備付け

適格請求書の電子データの保存等にあわせて、システム概要書を備えつける。

③ 見読可能性の確保

適格請求書の電子データの保存等をする場所に、その電子データの処理ができるＰＣ等、アプリケーション、ディスプレイ、プリンタ、これらの操作説明書を備えつけ、その電子データをディスプレイの画面及び書面に、はっきりわかる形で、すぐに出力できる。

④ 検索機能の確保

適格請求書の電子データに、次のような検索機能を確保する。

※ 国税に関する法律の規定による電子データの提示または提出ができる場合はⅱ及びⅲの要件が不要。その判定期間に係る基準期間における売上高が1,000万円以下の事業者が国税に関する法律の規定による電子データの提示または提出ができる場合は検索機能の全てが不要。

ⅰ 取引年月日その他の日付、取引金額及び取引先を検索条件として設定できる

ⅱ 日付又は金額に係る記録項目の範囲を指定して条件を設定できる

ⅲ 2つ以上の任意の記録項目を組み合わせて条件を設定できる

適格請求書を電子データで保存できると便利ですね。インボイス制度が始まると同時に電子帳簿保存法にも対応することを情報システム部の部長に相談してみます。

5-4

受領した適格請求書等を電子データで保存するには、どのような対応が必要か

- 提供を受けた電子データをそのまま保存するには、以下の措置が必要です。
- ❶タイムスタンプが付された適格請求書に係る電子データを受領する等
- ❷システム概況書を備えつける
- ❸電子データを保存した場所ではっきりわかる形で、すぐに出力できる
- ❹検索機能を確保する

適格請求書を電子データで受け取ったら、電子データで保存しなければならないという事ですね。

今のところ、消費税法では、電子取引データを紙に印刷したもので仕入税額控除の適用を受けることはできるんだ。

電子データを保存するには？

現在の消費税法では、提供された適格請求書の電子データを紙に印刷して保存しても、はっきりわかる形で出力されていれば、仕入税額控除の適用を受けることができます。

電子データの保存で留意しなければならないのは次の4点です。

1. タイムスタンプ等により、改ざんされたものでないことを明らかにする
2. システム概況書を備えつけ、システムの構成やデータの流れを明らかにする
3. 電子データを保存した場所ではっきりわかる形で、すぐに出力できるようにする

4．検索機能を確保する

図5.7 電子データの保存

提供を受けた電子データをそのまま保存しようとする場合、以下の措置を講じる必要があります。適格請求書を電子データで保存する要件は、電子取引データの保存に必要な条件と同じです。(2-3節以降を参照してください)。

① 改ざん防止措置

次のイからニのいずれかの措置を行う。

イ タイムスタンプが付された適格請求書の電子データを受領する。

ロ 次のどれかの方法で、タイムスタンプを付し、その電子データの保存を行う者又はその者を直接監督する者に関する情報を確認できるようにする。

・適格請求書の電子データの提供を受けた後、すぐにタイムスタンプを付す。

・適格請求書の電子データの提供からタイムスタンプを付すまでに事務の処理がある場合、事務処理に要する期間を経過した後、すぐにタイムスタンプを付す。

ハ 適格請求書の電子データについて、次のいずれかの要件を満たすPC等を使用して電子データの受領し、その電子データを保存する。

・訂正又は削除を行った場合には、その事実及び内容を確認することができる。
・訂正又は削除することができない。
ニ　適格請求書の電子データの記録事項について正当な理由がない訂正及び削除の防止について、規程を定め、その規程に沿った運用を行い、電子データの保存とこの規程を備えつける。
② 関係書類等の備付け
適格請求書の電子データの保存等にあわせて、システム概況書を備えつける。
③ 見読可能性の確保
適格請求書の電子データの保存等をする場所に、その電子データの処理ができるPC等、アプリケーション、ディスプレイ、プリンタ、これらの操作説明書を備えつけ、その電子データをディスプレイの画面及び書面に、はっきりわかる形で、すぐに出力できる。
④ 検索機能の確保
適格請求書の電子データに、次のような検索機能を確保する。
※ 国税に関する法律の規定による電子データの提示または提出ができる場合はⅱ及びⅲの要件が不要。その判定期間に係る基準期間における売上高が1,000万円以下の事業者が国税に関する法律の規定による電子データの提示または提出ができる場合は検索機能の全てが不要。
ⅰ 取引年月日その他の日付、取引金額及び取引先を検索条件として設定できる。
ⅱ 日付又は金額に係る記録項目の範囲を指定して条件を設定できる。
ⅲ 二以上の任意の記録項目を組み合わせて条件を設定できる。

最近、情報システム部ともよく打ち合わせしているんですが、インボイス制度への対応も合わせて、待ったなしですね。

第6章 電子データ化、ペーパーレス化の実践ポイント

e-文書法、電子帳簿保存法など、電子データでの保存を認める法律が整備され、ペーパーレス化に向けて、法的環境が整ってきました。
また、ストレージが安価になり、ネットワークも高速化しています。スキャナやスマートフォンなど、画像入力装置も普及しています。ペーパーレス化を行う上での、技術的障害もいまやほとんどないといえます。

この章では、ペーパーレス化のメリットとデメリット、円滑な移行を考慮したペーパーレス化の手順、またペーパーレス化を支援するアプリケーションについて説明するとともに、優良な電子帳簿を作成するために、検討すべき点について解説します。

6-1

ペーパーレス化するメリットの社内共有

- ペーパーレス化には以下のようなメリットがあります。
- ❶業務効率の向上
- ❷費用の削減
- ❸保管スペースが不要
- ❹セキュリティの強化
- ❺テレワークの推進

ペーパーレス化って、ずいぶん前から聞く言葉なんですが、なかなか普及しないのはなぜですか。

従業員が進んで、ペーパーレス化に動いてくれないのが大きな原因のようだね。ペーパーレス化を進めるには、最初に、ペーパーレス化のメリットを社内で共有することが必要だね。

なぜペーパーレス化のメリットを共有する必要があるのか？

ペーパーレス化は1970年代からあった言葉です。1990年代PCの普及に伴い、社会的にペーパーレス化を進める動きがありました。当時はストレージも高価で、ネットワークも現在のものと比べると通信速度が十分でなかったため、普及しませんでした。

現在は、ストレージが安価になり、ネットワークも十分高速化しています。また、スキャナやスマートフォンなど、画像入力装置も普及しています。ペーパーレス化を行う環境は十分に整ったといえます。また、e-文書法、電子帳簿保存法など、電子データでの保存を認める法律が整備され、事業者にとって、ペーパーレス化に向けての、法整備は十分整ってきていると思われます。

この節では、社内で共有すべきペーパーレス化を推進する際に順守するべき法律、ペーパーレス化のメリット、デメリットについて、説明します。

 e-文書法と電子帳簿保存法

e-文書法は、各種法令で書面（紙媒体）による保存が義務付けられている文書について、電子データでの保存を認める法律です。電子文書法とも呼ばれます。

「e-文書法」は通称で、正式には、平成17（2005）年4月に施行された「民間事業者等が行う書面の保存等における情報通信の技術の利用に関する法律」と「民間事業者等が行う書面の保存等における情報通信の技術の利用に関する法律の施行に伴う関係法律の整備等に関する法律」の2つの法律をいいます。

法令で義務付けられている紙での保存が、民間の効率的な企業活動の阻害要因となっているという意見があり、電子データによる保存を可能とするよう強い要請がありました。その結果としてできたのが、e-文書法です。

e-文書法の施行により、さまざまな文書が電子データによって保存可能になりました。下記のような文書が主なペーパーレスの対象となります。

- 帳簿、請求書、納品書、預金通帳（電子帳簿保存法で認められたもの）
- 建築図面
- 診察記録

ただし、免許証や許可証類、安全の手引きなど、電子データ化できない書類もあるため注意が必要です。

e-文書法と電子帳簿保存法は、従来法令により書面（紙）での保存が義務付けられていた国税関係書類などの法定保存文書を、電子データで保存することを容認する法律です。

2つの法律の大きな違いは「適用文書の範囲」です。e-文書法は、国税関係帳簿書類だけではなく医療や保険関係、証券や建築に関係する保存義

務のある法定文書も対象です。

一方、電子帳簿保存法の適用範囲は、国税庁が管轄する法律に関する文書(国税関係帳簿書類)に限定されます。

図6.1 e-文書法の範囲

e-文書法	
電子帳簿保存法	保存義務のある法定文書(約250の法令)
国税関係帳簿書類	医療関係
	保険関係
	証券関係
	建築関係
	その他

e-文書法についての詳しい解説は本書の目的と離れますので、ここまでとします。

ペーパーレス化のメリットとデメリット

ペーパーレス化の目的は、これまで紙を使用していたビジネス文書などを電子データ化することで、業務効率の向上を図ることです。

ペーパーレス化によって、紙の使用量が減り、森林伐採が回避されるという点で、企業のSDGs(持続可能な開発目標)の観点からも注目されています。

ペーパーレス化のメリットから見ていきましょう。

❶業務効率の向上

文書を電子データ化すれば、メールの一斉送信等、情報の共有化が容易です。また、検索機能などを利用して目的の文書を短時間で見つけることが可能になります。結果として、文書の電子データ化で、業務を効率的に行うことができるようになります。

紙の文書を使用すると、その整理にはどうしても、「分類」「ファイリング」「特定の場所への保管」といった作業が必要になります。そして、多量のファイルから、必要な文書を探す手間もかかります。

❷費用の削減

文書を電子データ化すれば、紙や印刷代が不要になります。機器の導入に初期費用はかかりますが、長期で考えれば、文書を電子データ化することによって、費用を減らすことができます。

❸保管スペースが不要

文書を電子データ化すれば、作成した電子データは場所を取りません。これまでのように、紙の資料を保管する必要がなくなるため保管スペースが不要となり、別の用途に活用することができます。

❹セキュリティの強化

文書を電子データ化すれば、保存先によっては、情報漏洩のリスクを軽減することができます。また、保存先の種類にもよりますが、半永久的に保存することができます。紙の書類は、紛失や盗難などによる情報漏えいの危険性があります。保管先によっては、長期保存のため劣化することがあります。

❺テレワークの推進

文書を電子データ化することによって、電子メール等による文書のやり取りが容易になり、わざわざ事務所に行かなくとも、仕事を行うことができるようになります。紙の書類は、FAXで送るにしても、ファイルの送付のように短時間で送ることはできません。

一方、デメリットは以下のとおりです。

❶資料全体を俯瞰しにくい

紙の書類は、大きな紙に印刷すれば、大きな表も見ることができます。また、複数枚にわたる資料もページを見返すことによって、参照も簡単にできます。一方、パソコンやタブレット端末などは画面の広さが限られているため、一度に表示できる情報量には限界があり、閲覧するのに工夫が必要です。

❷導入するのにコストがかかる

文書の電子データ化を進めるには、PC、スキャナ、ストレージ等、機器とアプリケーションの導入が必要です。そのため、導入時にはある程度のコストがかかることになります。

❸機器の故障や通信回線の影響を受ける

電子データを確認するためには、ディスプレイ等に出力する必要があります。機器が故障した場合、データにアクセスできず閲覧が制限されることになります。また、通信回線の速度が十分でないと、アクセスが制限される場合もあります。電子データを保存している媒体のトラブルによって、データが消失する可能性もあるので、バックアップを取る等、トラブルに対する解決策を考えておく必要があります。

文書の電子データ化は、もはや経理部だけの問題ではなく、全社的に取り組まなければならない課題ですね。

6-2

段階的ペーパーレス化の検討

- ペーパーレス化は、以下のように段階的に進める必要があります。
- ❶目標の設定
- ❷書類の分類
- ❸機器・アプリケーションの選択
- ❹運用の開始
- ❺問題点の検討と改善

ペーパーレス化にいろいろ良い点があることはわかりました。会社のペーパーレス化を進めるのに具体的には、どうすればいいんですか。

会社は事業が優先だから、「はい、明日からペーパーレス化です。」なんてやったら、大混乱するよね。計画を作って、段階的に進めるのが、普通だと思うよ。

ペーパーレス化を進めるのに留意しなければならないこと

　ペーパーレス化を実際に進める場合、社員のストレスが高まって効率が下がったり、法令違反を起こしたりすれば、何のためにペーパーレス化を進めたのか、わからなくなります。

　ペーパーレス化を進めるにあたっては、あらかじめ以下のことに十分留意する必要があります。

❶従業員のストレス軽減

　アルバイトを含む従業員は今の仕事のやり方に慣れています。慣れ親しんだやり方を変えることは、社歴の長い従業員ほど心理的な抵抗を感じることになります。そのため、ペーパーレス化を進めるにあたっては、従業員にペーパーレス化のメリットを説明するとともに、十分な研修等を行い、少しでも心理的な負担を減らすようにしなければなりません。

❷法令の要件を満たしているのかの検討

法令を守ることは、事業者にとって最も優先すべきことです。ペーパーレス化を進めたとしても、それが法令の要件を満たしていなければ、結果として、法令違反となり、事業の継続が難しくなります。

文書として残さなければならない書類は、法令で決まっていますので、ペーパーレス化を進める前に電子データ化するものを検討しておかなければなりません。

❸必要な機器の導入

ペーパーレス化には、電子データを作成するPCやスキャナ等、そしてそれを出力できるディスプレイ、プリンタ等の機器が不可欠です。また、今まで学習したように読み取る際の解像度、出力する際の大きさや可読性など、法律によって決まっているものもありますので、それらの要件を満たす機器を事前に導入しなければなりません。

ペーパーレス化の具体的な進め方

ペーパーレス化を進める場合でも、具体的な進め方は通常のプロジェクトと大きな変わりはありません。

❶目標の設定

最初に、目的を明確に定めて、経営課題の1つとして、ペーパーレス化を全社的に進めることが重要です。一般的な目標としては､先に挙げた｢業務効率化・コスト削減・セキュリティ強化｣が考えられます。今日的な課題としては、｢テレワーク推進｣も一つの目標となります。

具体的な目標は、組織やチームでそれぞれ設定することが有効です。

❷書類の分類

ペーパーレス化を進めるには、上記で決めた目標に従って、優先して電子データ化をするものを決める必要があります。

業務効率化が優先であれば、共有頻度の高い書類、電子データ化によるフローの改善が見込める書類から、コスト削減が目的であれば印刷等にコストのかかる書類から、テレワーク推進が目的であれば出社の必要が生じる書類から、というように方針を立てます。

最初は、会議用資料や稟議書など社内調整が容易で、ペーパーレス化しやすい書類から、電子データ化を始めるのが、取り組みとして成功しやすくなると思われます。

❸機器・アプリケーションの選択

ペーパーレス化を進める機器・アプリケーションはペーパーレス化の目的に適合したものを選択する必要があります。特に優良な電子帳簿としての届出を予定している場合は、要件に合ったアプリケーションを選定しなければなりません。また、どの程度のデータ量になるのかを考え、ストレージの容量も事前に検討しておく必要があります。

❹運用の開始

準備が整ったら、ルールを決めて運用の開始です。運用に先立っては、ルールについて、従業員に十分な説明を行い、コンセンサスを形成しておくことが最も重要です。また、PC等の機器やアプリケーションの使用に当たっては、不慣れな従業員もいることを十分念頭に置いて、必要なマニュアル類を事前に配布しておくことが必要です。

❺問題点の検討と改善

実際の運用を行うと、事前に想定していなかった問題点や新たな課題等がわかってきます。定期的なミーティング等を行い、問題点を検討するとともに、改善に向けた意見交換を行い、さらに円滑な運用ができるよう業務を改善していく必要があります。

ペーパーレス化にこれだけメリットがあると、会社としては取り組まないわけにいきませんね。

6-3

電子データで保存する書類はどのように決めればよいか

- ペーパーレス化を円滑に進めるには電子データ化の順番を考える必要があります。
- ❶会議資料、パンフレットや営業資料
- ❷稟議・決裁書類
- ❸営業と会計に関する業務書類
- ❹契約書

ペーパーレス化を進めるときに書類の分類というのがありましたが、電子データ化に向いている書類はあるんですか。

そうだね。最初は社内文書から手を付けるのが良いと思うね。特に会議資料や、稟議決裁書類は、社内だけで完結するからね。

電子データ化しやすい書類は？

文書の電子データ化は、すでに現在プロジェクトが進行中になっている事業者も多いと思われます。書類を電子データ化するにあたっては、どこから手を付けたらいいでしょうか。

最初は全体の営業フローに大きな影響を与えない会議資料、パンフレットや営業資料などから手を付け始めるのがよいと考えられます。パンフレットや営業資料は全て電子データとするのではなく、必要な範囲で紙を残すという考え方で進めるべきです。

それが軌道に乗れば、原則として、社内のワークフローの変更ですむ、稟議・決裁書類の電子データ化を進めます。この場合、単に書類を電子データ化するだけではなく、ワークフローシステム等を導入し、オンライン決裁を可能とし、生産性を向上すべきです。これに合わせて、経費精算システムを導入することも考えられます。

ここまで、ペーパーレス化が問題なく進んだところで、営業と会計に関する業務について、ペーパーレス化を行います。営業については、各社業界特有の慣行等がありますので、それに合わせてペーパーレス化を進めていきます。特に取引先等との契約書などを電子データ化する場合は、取引先との合意が必要になるので、慎重な協議の後にシステム導入を決定すべきです。

本書では、あくまでも、円滑な移行を考慮したペーパーレス化の手順を説明しましたが、業務効率の改善が優先的な目標である場合は、営業、会計に関する業務を優先して、ペーパーレス化することももちろん考えられます。

ペーパーレス化の効果が高い書類には次のような書類が挙げられます。

図6.2 ペーパーレス化の効果から見た書類の分類

ビジネス文書	契約書、領収書等、日々の業務で作成する文書を電子データ化して印刷コスト、保管の負荷を削減できる
会議資料	Web会議や画面共有によって、紙の印刷コストや配布の手間を削減できる
稟議・決裁書類	ワークフローシステムの導入で、オンライン決裁が可能となり、能率が向上する
パンフレットや営業資料など	紙からWeb閲覧、タブレット営業へのシフトすることで印刷物を削減できる

一方で、以下の書類は、e-文書法でペーパーレス化せずに紙媒体で残さなければならないものです。

図6.3 紙媒体で残さなければならないもの

災害時のマニュアルや手引きなど	緊急時にすぐに閲覧する必要があるため
免許証や許可証	現物のみが証明の役割を果たすため

社内だけで電子データ化のできるものから、ペーパーレス化を進めた方が、スムーズにペーパーレス化が出来そうですね。

6-4

会議書類の電子データ化、電子申請による経費精算、電子契約の導入

会議書類の電子データ化、電子申請による経費精算、電子契約には以下のメリットがあります。

・ペーパーレス会議
❶資料の印刷費用を削減できる
❷資料の準備作業、廃棄作業が不要に
❸情報漏えいリスクを低減
❹遠隔会議が容易に行える

・経費精算
❶入力ミスの減少
❷容易な承認

・電子契約
❶業務の効率化
❷コストの削減
❸セキュリティの強化

書類の電子データ化だけではなく、よく耳にするペーパーレス会議、電子申請による経費精算、電子契約には、どんなメリットがあるんですか。

ペーパーレス会議、電子申請による経費精算、電子契約について、簡単にメリットを確認しておこう。また、良いアプリケーションも出ているから、導入を検討するのもいいかもしれないね。

会議書類の電子データ化のメリット

会議書類の電子データ化はパンデミックによる在宅勤務の推奨から、一気に日常となった感があります。本書執筆の時点で、詳しい説明は不要だと思いますので、簡略な説明にとどめます。

図6.4　ペーパーレス会議

ペーパーレス会議のメリットは以下の4つです。

❶資料の印刷費用を削減できる

印刷代や紙代といったコストを削減することができます。印刷代や紙代は1回に掛かるコストは小額ですが、会議の回数が多かったり、参加する人数が多かったりすれば、それなりのコストがかかります。会議をペーパーレス化することにより、印刷代、紙代のコストを削減できます。

❷資料の準備作業、廃棄作業が不要に

紙の資料を配布する場合は、参加人数に合わせた資料の印刷、仕分、セット組が必要です。また、会議の終了後は、不要になった資料を廃棄するためのシュレッダーにかけるという作業も発生します。

ペーパーレス会議とすれば、こういった作業は不要になり、その分の時間を他の作業に割り振ることができます。

❸情報漏えいリスクを低減

紙の資料には紛失や盗難のリスクがあります。電子データ化した資料はパスワードによる閲覧権限も設定でき、セキュリティを確保することができます。

また、配布の不要な資料や回収を要する資料は、画面共有等で参加者に閲覧してもらい、資料を参加メンバーに配布しないで、会議を行う事も可能です。

❹遠隔会議が容易に行える

ペーパーレス会議システムを使用すれば、海外を含めた遠隔会議も容易に行えます。資料はあらかじめ、電子データで送れば、遠隔地にいる人も含めて、容易に資料を配布できます。集合する必要がないので、移動時間や交通費が削減されます。また、移動時間がないため、会議の行われる時間帯の時間が確保できれば、容易に参加することができます。

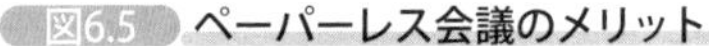

図6.5 ペーパーレス会議のメリット

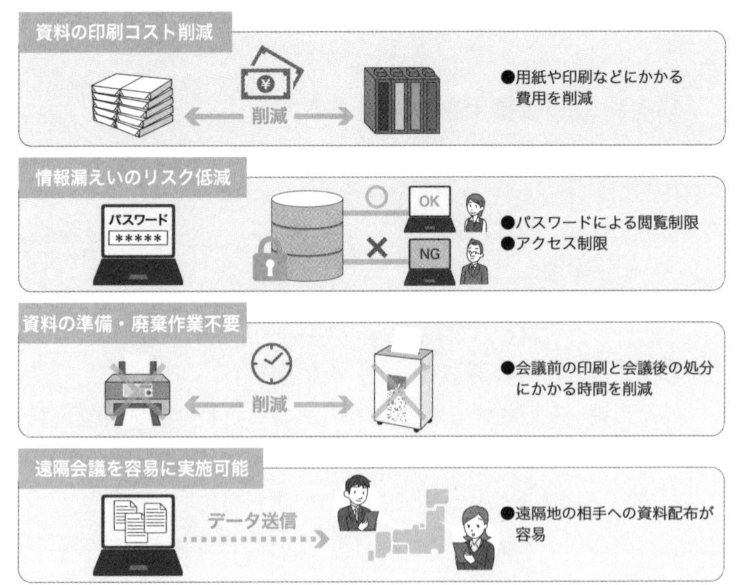

会議用アプリケーションとして、本書制作時の2023年6月では、Zoom, Microsoft Teams, Google Meetingなどが代表的なアプリケーションとして、使用されています。

電子申請による経費申請のメリット

電子申請による経費申請もこの数年で採用する事業者が増加しています。電子申請による経費申請は申請者、承認者、経理部経費担当者に以下のメリットがあります。

図6.6 電子申請による経費申請

❶申請者

最近の経費申請システムは、領収書をスキャンして登録すれば、内容を読み取って、支払先、金額を自動で入力してくれます。また、交通費を申請する場合、出発駅と目的駅を入力すれば、経路を検索し、交通費も自動で計算してくれます。入力の手間が省けるとともに、金額等の入力ミスも防げるため、申請の差し戻しによる再提出も減ると考えられます。

スマートフォンアプリでの申請に対応したアプリケーションであれば、外出先からでも申請できるため、出張、移動の多い申請者も場所を選ばず経費精算の申請ができます。

❷承認者

もともとアプリケーションの様式に合わせて入力、証憑を添付しているため、記載事項の不足や証憑の未添付を確認する時間が大幅に短くなります。そのため、申請に対して、内容の確認から承認・却下までを短い時間でできます。スマートフォンアプリでの承認に対応したアプリケーションであれば、管理者も外出先から隙間時間を利用して、承認できます。

❸経理部経費担当者

添付されている証憑の電子データを確認し不備があれば、迅速に差し戻しを行うこともできます。また、作業時点で、経費精算申請が何件行われているか、未承認のまま残っているものが何件あるかなど、経費申請の進捗状況を容易に知ることができます。特に月次決算、本決算など、締め作業を行う際、申請や承認を督促するなど、早めに指示することができます。

本書では、具体的な製品の紹介は行いませんが、クラウドを前提としたサービスが各社から提供されています。性能を比較したサイトもありますので、サービス内容を検討されることをお勧めします。

電子契約のメリット

電子契約もここ数年で導入が増えています。電子契約の仕組みは簡単で以下の1～4の手順で行います。

❶パソコンで契約書を作成する
❷インターネット等により、相手に契約書の電子ファイルを送信する
❸相手が契約内容を確認し、承認する
❹契約締結の完了した契約書を電子データとして保存する

図6.7 電子契約

電子契約には以下のメリットがあります。

❶業務の効率化

書面で契約をする場合、通常印刷した契約書を先方に持参、または郵送し、署名捺印してもらったものを返送等で受領する必要があります。1か所でも不備があれば、郵送・返納等の手順を何度も繰り返すことになります。また、契約書は重要な書類ですので、保管を厳重に行う必要があります。

電子契約では契約締結から保管までを電子データで行うため、契約書のやり取りも手間がかかりません。そのため、契約締結にいたるリードタイムを短縮することもできます。また、データの保管も契約書はデータとしてクラウド上にまとめて保管できるため、場所を取りません。

❷コストの削減

書面による契約には、用紙代、印刷代、送料等、さまざまな費用が発生します。また、契約内容によっては収入印紙も必要になります。また、多くの事務作業が必要になります。たとえば、「契約書の印刷・製本」「収入印紙の貼付」「宛名書き」「契約書の封入・投函」などの作業は不可欠です。

電子契約では用紙代、印刷代、送料は不要です。また、印紙税が発生しないため収入印紙も必要がありません。契約書1件当たりの費用は少額ですが、契約書全体では多くのコストを削減することができます。また、「契約書の印刷・製本」「宛名書き」「契約書の封入・投函」などの事務作業も不要となるため、その時間を他の業務に割り振ることができます。

❸セキュリティの強化

紙の契約書の場合、契約書を紛失したり、誤って破棄したりする可能性があります。また、書面の場合、保管方法によっては、容易に外部へ持ち出せるため、契約内容が社外へ流出する可能性もあります。破棄する際も情報漏洩に留意する必要があります。

電子契約の注意点

電子契約で最も気をつけなければならないことは、契約書が契約後に改ざんされることです。

電子契約には単純にメールで契約書をやり取りして、契約を締結するやり方もあります。改ざん防止を考えると、年間の契約数が多い事業者はこの機会に電子契約システムを導入することをお勧めします。

電子契約システムは通常電子署名とタイムスタンプの機能を備えています。

電子契約では「誰が・いつ・どんな契約に」合意したかを、記録することで改ざんを防止します。電子署名で「誰が・どんな契約に」を、タイムスタンプで「いつ・どんな契約に」をそれぞれ保証できるようにしています。

本書では、電子契約についても具体的な製品の紹介は行いません。電子契約についてもクラウドを前提としたサービスが各社から提供されています。どのように改ざんを防止しているのかに留意して、提供内容を検討されることをお勧めします。

事業者のペーパーレス化に向けて、すでにたくさんのサービスが提供されているのですね。

6-5

優良な電子帳簿を作成するために、検討すべきことは

- 優良な電子帳簿の要件を満たすため検討すべきことは以下の通りです。
- ❶優良な電子帳簿の要件の確認
- ❷優良な電子帳簿の要件を満たしている帳簿ソフトの検討
- ❸関係書類等の備付け

本題に戻りますが、帳簿を電子データ化するにはどんなことを検討すればいいでしょうか。

帳簿を電子データ化するのであれば、当然優良な電子帳簿の要件を満たすようにした方がいいね。まずは、優良な電子帳簿の要件を満たしている帳簿ソフトを検討の対象としてみるのもいいかもしれない。

優良な電子帳簿の要件は？

優良な電子帳簿の要件は第3章で説明したように以下の要件を満たす必要があります。

❶関係書類等の備付け
❷見読可能性の確保
❸税務調査でのダウンロードの求め
❹訂正・削除履歴の確保
❺相互関連性の確認
❻データ検索機能の確保

優良な電子帳簿の要件を満たしている帳簿ソフト

かつては、使用する帳簿ソフト等が電子帳簿保存法の要件に適合しているかについて、各商品の表示等に頼らざるを得ませんでした。

優良な電子帳簿を申請しようとする者が、安心して帳簿ソフト等を選択できるようにするため、公益社団法人日本文書情報マネジメント協会(JIIMA)が市販のソフトウェアとソフトウェアサービスを対象に、優良な電子帳簿の法的要件認証制度を開始しました。

国税庁は、優良な電子帳簿の承認申請の手続負担を軽減させるため、JIIMAの要件適合性の認証を受けたソフトウェア等を利用する場合については、承認申請書の記載事項や添付書類を一部省略することとしました。

JIIMAは市販のソフトウェアとソフトウェアサービスを対象に、電子帳簿保存法に規定する機能要件に適合するか、機能の仕様を取扱説明書等で確認を行い、法的要件を満たしていると判断できれば、認証を行います。認証を受けたソフトウェア等は、国税庁とJIIMAのホームページに記載される認証製品一覧表に明示されます。また、認証番号などは該当するソフトウェア等の説明書等に記載されます。

JIIMAは電子帳簿用のソフトウェアだけではなく、スキャナ保存用のソフトウェア等、電子書類と電子取引に係るソフトウェア等についても認証を行っています。

認証を受けたソフトウェア等は、「認証ロゴ」を使用できるので、そのソフトウェアがJIIMAの認証を受けたものかどうかは、この認証ロゴで判断することができます。

優良な電子帳簿として承認されるには、要件に適合した機能をもったソフトウェア等を使用するだけではなく、関係書類等の備付けに関する事項も満たす必要があるので注意が必要です。

図6.8　JIIMA認証ロゴ（令和4（2022）年6月現在）

電子帳簿

あるいは

または

あるいは

電子書類

あるいは

あるいは

または

あるいは

あるいは

認証ロゴを使用できる場所

認証製品の梱包材、製品マニュアル、技術マニュアル、仕様書、WEBページ 等

出典：https://www.nta.go.jp/law/joho-zeikaishaku/sonota/jirei/11.htm

国税庁HP：ホーム→法令等→その他法令解釈に関する情報→電子帳簿保存法関係→JIIMA認証情報リスト

図6.9 JIIMAのトップページ

JIIMA

文書情報管理士・文書情報マネージャー 認定団体
公益社団法人日本文書情報マネジメント協会

問い合わせ　アクセス　入会案内　サイトマップ　English

TOP　文書情報マネジメントとは　JIIMA認定の資格　JIIMA認証制度　JIIMAの活動　機関誌IM　委員会活動　JIIMAについて

JIIMAビジョン2020
日本のあらゆる組織の価値を高めるために、文書情報マネジメントの実践を通じてDXを加速するようにリードする協会

電子帳簿保存法
タイムスタンプ
e-timing
アマノセキュアジャパン株式会社

出典：https://www.jiima.or.jp/

優良な電子帳簿として届出することを考えると、電子帳簿用のソフトウェアは、JIIMAの認証を受けたものを選択するのが、無難ですね。関係書類等の備付けも合わせて検討します。

おわりに

電子帳簿保存法は、事業者の将来に多大な影響を与える制度です。

帳簿書類を電子データに置き換えれば、業務が効率化して、書類保管等の負担も減ります。

また、優良な電子帳簿で、国税関係帳簿書類を電子データで保存すれば、過少申告加算税の軽減措置、青色申告特別控除額について優遇措置を受けることができます。

本書を読了された皆さまは、上記については十分に理解され、目標はさらにその先のペーパーレス化の推進、AIの活用等にあると思います。

事業者は、単に法律に対応するだけではなく、将来の会社の姿を考え、技術進歩による効率化を貪欲に取り込んでいかなければなりません。特に技術的なイノベーションは、事業の存続、効率性に多大な影響をあたえますので、技術的な動向は常に意識する必要があります。

皆さまが、この本で身につけた知識を使って、会社の実務で大いに力を発揮されることを期待しております。

2023年6月

公認会計士
システム監査技術者　大山　誠

参考文献及び図版の出典

・電子計算機を使用して作成する国税関係帳簿書類の保存方法等の特例に関する法律

・電子計算機を使用して作成する国税関係帳簿書類の保存方法等の特例に関する法律施行令

・電子計算機を使用して作成する国税関係帳簿書類の保存方法等の特例に関する法律施行規則

・電子帳簿保存法取扱通達(令和4年6月24日付一部改正分まで更新)(令和4年1月1日施行分)

・電子帳簿保存法取扱通達解説(趣旨説明)(令和4年6月24日現在)

・電子計算機を使用して作成する国税関係帳簿書類の保存方法等の特例に関する法律施行規則第二条第六項第四号ニに規定する国税庁長官が定めるところを定める件

・電子帳簿保存法一問一答【電子計算機を使用して作成する帳簿書類関係】令和4年6月(国税庁)

・電子帳簿保存法一問一答【スキャナ保存関係】令和4年6月(国税庁)

・電子帳簿保存法一問一答【電子取引関係】令和4年6月(国税庁)

・「電子帳簿保存法が改正されました」R3.05(国税庁)

https://www.nta.go.jp/law/joho-zeikaishaku/sonota/jirei/pdf/0021005-038.pdf

・電子帳簿保存法の内容が改正されました～ 令和５年度税制改正による電子帳簿等保存制度の見直しの概要 ～ (国税庁)

https://www.nta.go.jp/law/joho-zeikaishaku/sonota/jirei/pdf/0023003-082.pdf

・「国税関係帳簿の電磁的記録等による保存等に係る過少申告加算税の特例の適用を受ける旨の届出書」(国税庁)

・「国税関係帳簿の電磁的記録等による保存等に係る過少申告加算税の特例の適用の取りやめの届出書・国税関係帳簿書類の電磁的記録等による保存等の取りやめの届出書」(国税庁)

・「国税関係帳簿の電磁的記録等による保存等に係る過少申告加算税の特例の適用を受ける旨の届出の変更届出書・国税関係帳簿書類の電磁的記録等による保存等の変更の届出書」(国税庁)
・「国税関係書類の電磁的記録によるスキャナ保存の適用届出書(過去分重要書類)」(国税庁)
・「国税関係帳簿書類に係る電磁的記録の電子計算機出力マイクロフィルムによる保存の承認申請書」(国税庁)
・「国税関係帳簿の電磁的記録等による保存等に係る65万円の青色申告特別控除・過少申告加算税の特例の適用を受ける旨の届出書」(国税庁)
・65万円の青色申告特別控除の適用要件(国税庁)https://www.keisan.nta.go.jp/r4yokuaru/cat2/cat26/cat267/cid548.html
・タイムスタンプ(総務省)https://www.soumu.go.jp/main_sosiki/joho_tsusin/security/basic/structure/05.htm
・電子署名・認証のしくみ(公開鍵暗号方式)(総務省)
https://www.soumu.go.jp/main_sosiki/joho_tsusin/top/ninshou-law/pdf/090611_1.pdf
・「活字の基準寸法」(日本工業規格)
・JIS X6933　テストチャート(ISO国内技術委員会)　https://iso.jbmia.or.jp/test_c.html
・「適格請求書保存方式の概要-インボイス制度の理解のためにー」(国税庁)
・「消費税の仕入税額控除制度における適格請求書等保存方式に関するQ&A」(国税庁軽減税率・インボイス制度対応室)
・JIIMA認証ロゴ(令和4年6月現在)
https://www.nta.go.jp/law/joho-zeikaishaku/sonota/jirei/11.htm
・JIIMA(公益社団法人日本文書情報マネジメント協会)のトップページ　https://www.jiima.or.jp/

索引 INDEX

著者

大山　誠(おおやま　まこと)

公認会計士・システム監査技術者・公認システム監査人(CISA)
東京大学経済学部経済学科卒業
公認会計士2次試験合格後、三興監査法人に8年、あずさ監査法人に12年勤務、現在監査法人アヴァンティアに勤務。主に玩具メーカー、証券会社、映像制作会社、リース会社等の会計監査、通信業、アミューズメント機器製造販売業、医療用医薬品、医療機器等の卸売業等のIT統制評価を担当。日本公認会計士協会「ITアシュアランス委員会」委員などを務める。
著書に「即効！インボイス制度対応マニュアル」(秀和システム)「一番わかりやすい! 税効果会計の教科書(ソシム)」「グローバル企業のビジネスモデルをつかむ英文決算書の読み方(ソシム)」。共著に「内部統制を高める IT統制と監査の実務Q&A(中央経済社)」「IT内部統制ケースブック ―最新50の不備対応事例で学ぶ(東洋経済新報社)」がある。

監査法人アヴァンティアについて

監査法人アヴァンティアは監査業務を中心として、成長意欲旺盛な企業の支援を行う中堅適正規模の監査法人(業界13位)です。2008年の設立以来、上場企業監査、IPO監査などの監査業務に加えて、IFRSアドバイザリー、財務デュー・デリジェンスなどの各種アドバイザリー業務を積極的に展開し、ひとりひとりが自由職業人としての誇りと使命感を持って、証券市場の発展に寄与すべく邁進しています。詳しくはウェブサイト(www.avantia.or.jp)をご覧ください。

※本書は2023年6月現在の情報を元に執筆しています。制度の内容などについては、その後変更になる可能性があります。予めご了承ください。

■執筆協力

奥田基樹

■カバーデザイン

斉藤よしのぶ

■本文イラスト

高橋康明

即効！電子帳簿保存法対応マニュアル

発行日 2023年 7月24日 第1版第1刷
2023年 12月25日 第1版第6刷

著 者 大山 誠

発行者 斉藤 和邦
発行所 株式会社 秀和システム
〒135-0016
東京都江東区東陽2-4-2 新宮ビル2F
Tel 03-6264-3105（販売）Fax 03-6264-3094
印刷所 三松堂印刷株式会社 Printed in Japan

ISBN978-4-7980-6984-5 C0033